On ne dit jamais assez aux gens qu'on les aime

Jacques Weber

On ne dit jamais assez aux gens qu'on les aime

Éditions de L'Observatoire

ISBN : 979-10-329-2359-7
Dépôt légal : 2023, mars

170 *bis* boulevard du Montparnasse, 75014 Paris

Prologue

C'est une rue sans réverbère, très noire lorsque le cinéma de quartier, après que nous nous soyons attardés à parler du film, éteint derrière nous son enseigne lumineuse bleue. Quelques étoiles mortes éclairent nos ténèbres. Regarder la nuit est triste. Après le mot FIN, l'écran est devenu noir.

Le Bossu, film de cape et d'épée dont Jean Marais est le héros, se glisse dans ma mémoire. Le long de l'avenue des Ternes je rentre à pied, persuadé qu'une mobylette de passage est un mousquetaire du roi, puis jusqu'au fond de mon lit reviennent en désordre séquences et plans bien malgré moi. Pierrette Bruno, la compagne sémillante de Bourvil, le fidèle Planchet de D'Artagnan, est la première à mon chevet ; son décolleté devient le berceau de mes chimères adolescentes tandis qu'elle me chante : « Pour se parler d'amour pas besoin d'un long discours. » Tous les chemins mènent aux souvenirs et leurs affinités nous échappent.

Des années auparavant, je hurle tard dans la nuit, le jour m'éblouit, je suis né, on me pend par les pieds, puis nettoyé et langé, on me met dans les bras d'une dame au grand sourire épuisé. Petit animal, je dois reconnaître son odeur et me sentir bien.

De sa naissance et de sa mort on ne se souvient pas ; pour l'une on imagine, pour l'autre on arrive après la fermeture. Ma vie est le rivage d'une seule aube et d'un unique crépuscule, les vagues du temps s'étirent et se retirent. Ma mémoire s'échoue selon récifs et courants, une nuée de sternes claudiquent sur le sable gris, perles des marées d'équinoxe.

Des fantômes aux couleurs vives sortent de la brume des jours, silhouettes des époques, des âges, figures romanesques de la grande histoire et d'une courte existence : René Coty, le premier président de la République dont je me souviens, croise Pompon, le fidèle chien de Pépère, mon grand-père ; de Gaulle se retrouve avec le catcheur L'Ange blanc et ils apparaissent en noir et blanc, accompagnés de Catherine Langeais et d'un gros monsieur à lunettes, Léon Zitrone ; la Callas m'envoûte et la dame de catéchisme couine un « Je m'avancerai jusqu'à l'autel de Dieu » ; Poulidor gagne enfin une étape quand Anquetil a participé au concours de « bouffe » le jour de repos. L'OAS massacre, les flics tabassent et Anne me prend la main, me donne mon premier baiser ; Bardot danse sur les tables et je bande, Danielle Darrieux et Gérard Philipe me bougent le cœur, je file une brune dans l'autobus, poursuis une blonde dans le métro, chaparde un regard dans la rue, m'arrête devant les seins énormes des dames de la rue Saint-Denis. Sultan, le cheval gris pommelé du Capitan, rejoint la cavalerie de la Garde républicaine, je les regarde défiler le 14 Juillet sur les Champs-Élysées avec un périscope en carton ; j'aimerais être John Wayne pour pouvoir embrasser Angie Dickinson dans *Rio Bravo*.

Les années défilent, les collages s'emballent ; Piaf chante « Emportés par la foule » et je revois la petite fille blonde qui hurlait « Michel » dans la foule à la fin de *Jeux interdits*.

Que je marche, écrive, flâne dans un sous-bois, en bord de mer ou sur les Grands Boulevards, je réprime des cris de joie ; de beaux moments surgissent et je leur invente une fin de *Mille et Une Nuits*. Des cris de joie car la mort a entrouvert sa porte close, je peux encore aimer, peut-être mieux aimer mes amis émigrés des ténèbres : Michèle, brûlée vive sur un bûcher d'autoroute, la première mort, le premier déchirement ; Barbara et la pluie sur Nantes ; Brel et les pays où il ne pleut pas ; Brassens auprès de son arbre ; Pavarotti sous sa douche ; Hallyday qui allume le feu ; mes péchés mignons, Jo Dassin, Carlos et Dalida ; Frank Sinatra et Dean Martin, mes vieux chantonnements quotidiens ; Michel Simon, Léo Ferré, leurs poésies et leurs chimpanzés, Gabin le jeune, l'engagé volontaire, le quinqua aux cheveux blancs, le patriarche et ses mômes : Bébel et Delon.

D'autres sont encore du côté des jours, mais dans cette proximité lointaine que les destinées imposent : les amis du « cons » (le Conservatoire) : Jean-François Balmer, l'aristo britannique que j'appelle encore John, l'anarchiste de la scène ; Nathalie Baye, déterminée et pourtant si troublée à force d'amour et de fidélité ; ceux de la place Colette : Loïc Corbery qui débuta à mes côtés et qui, dans sa maison la Comédie-Française, vieillit si bien, simple et robuste comme un grand cru ; Laurent Stocker, farceur impénitent des coulisses mais compagnon si sûr, si fou et grand sur scène ; Dominique Blanc, la reine discrète soumise à l'amour de ses sujets ; Denis Podalydès qui travaille même au feu rouge sur son scooter, qui joue comme il parle, à distance et tout ouvert. Tant et tant que j'oublie aujourd'hui, qui reviendront demain. Vieux cheval de labour, je m'emballe comme un jeune andalou. Comme dit la chanson de Chedid : « On ne dit jamais assez aux gens qu'on aime, par peur de les gêner, qu'on les aime. » Le temps d'un livre, celui d'une vie… précipitation… excès… oubli… Si je voulais ranger, si nous voulions ranger, il faudrait qu'on nous prête l'éternité avec un début et une fin.

Au fond de mon jardin sont enfouis les trésors d'enfant, celui à quatre pattes, celui à cheveux blancs ; il y a aussi mes proches, ceux de si près, de trop près que je n'ose les toucher. C'est à eux que je dédie ce carnet de notes du chemin de l'amour et du hasard.

Un café au coin de ma rue, mon premier expresso. Bon sens et conneries, ça parle de tout et rien, le souvenir me tire par la manche : c'était bien avant, c'était bien enfant. Pourtant, l'école était grise et le petit déjeuner triste, mais il y avait la maîtresse, les marronniers de la cour de récré et Gérard Philipe qui lisait *Le Petit Prince* sur un disque 45 tours.

Le monde tournait en rond toujours aussi vite ; les mois détalaient comme les lapins un jour de chasse. La rue Saint-Ferdinand n'avait pas changé, avec son église, son école et au fond une place bien ronde avec un bistrot pour perdre son temps.

Je l'avais connue enfant, cette rue au nom d'un roi d'Espagne très catholique devenu évêque et saint par la suite. Elle était le bout du chemin de tous les matins. Après avoir remonté l'avenue des Ternes, l'épaule abaissée par mon cartable trop lourd, j'arrivais à l'école. Sous ma blouse grise, un désir chaud m'envahissait à la vue des formes rebondies, là où il fallait, de Mme Anjola, mon institutrice.

Le souvenir, compacté dans les tripes et les neurones, me prend par surprise ; bon ou mauvais, direct en plein cœur.

Je marche à pas lents, seul tirant le fardeau de l'enfance, plus percheron qu'andalou, lourde panse et cheveux blancs en crinière, barbe hugolienne.

Mumu, ma poissonnière, me trouve bel homme, ça me rassure.

Ce matin, mes soixante-douze printemps sonnent la charge ; je rue dans les brancards, l'école, l'église et le patronage, où tout avait commencé. Je haïssais ce Dieu qui incarcère le désir et le bannit de la culotte ! Pourtant, le libidineux, le pervers, le cauteleux constituaient le catalogue des pères de l'église Saint-Ferdinand. Maintenant, on sait que ce lieu de culte éminent du 17ᵉ arrondissement était une maison de retraite pour les brebis galeuses de l'Église. L'abbé Conté était pour les familles le représentant de Dieu, il était le patron de la colonie, du patronage, des cœurs vaillants et le cerbère de la grand-messe du dimanche. Ses yeux vous fouillaient l'âme jusqu'au bas-ventre, sa carrure d'athlète occupait l'allée centrale de l'église et ses grosses mains humides vous tiraient l'oreille à la moindre incartade pendant la communion. Le chœur sentait fort l'encens, les bancs et les prie-Dieu la laque parfumée des cheveux bleus. Les cierges consumés se répandaient sur leur socle comme un fromage trop fait. L'office était interminable, prières et chants en latin traînaient la patte sous les voûtes, les dames de catéchisme brandissaient leurs notes fausses. Le nez pointu comme un *fa* dièse, elles morigénaient ceux qui refusaient de chanter.

Mon père athée et socialiste et ma mère bonne chrétienne retenue par les fourneaux ne venaient pas, c'était fréquent chez les bourgeois, on inculquait aux enfants la foi à marche forcée, la messe obligatoire.

Hélas, un mois de colonie de vacances chez les curés parachevait l'endoctrinement à grand renfort de bénédicités chantés au début et à la fin des trois repas de la journée. La messe dite tous les jours était facultative pour mieux repérer les impies ou les petits sous-diacres en herbe. Il fallait aussi se confesser une fois par semaine, seul avec l'abbé, dans son bureau. « Dieu » m'attendait en soutane déboutonnée dès le nombril. Le confesseur me commandait la génuflexion et me coinçait la tête sur ses genoux. J'énonçais ou taisais mes péchés selon la gravité qu'ils m'inspiraient. L'abbé Conté m'indiquait d'une caresse l'endroit des hontes tues, puis sa main puissante enfouissait ma tête d'enfant entre ses cuisses en sueur ; l'absolution consistait à me mordiller l'oreille ou à la lécher. Troublé, je rejoignais mes camarades pour taper dans un ballon.

Dans cette rue du quartier des Ternes, je revois l'épicerie de Mme Cagnat au chignon très protestant avec ses bocaux de bonbons et son triporteur vert ; le magasin de jouets avec ses peluches trop grandes aux regards tristes ; et surtout le « Tabac-journaux, Carambar et Malabar » mitoyen de l'école où une vieille dame gentille vendait *L'Humanité*, *L'Équipe* et cachait *Le Figaro* sous sa caisse. Elle recomptait les pièces de deux et cinq centimes et, selon l'humeur, nous offrait un nounours en guimauve.

La place ronde est blanchie par la merde des pigeons. Je m'installe à la terrasse du bistrot, les glaçons cognent dans ma tête, je commande un double whisky, persuadé qu'il m'aidera à faire le point.

Une serveuse cheveux courts, frimousse de vingt-cinq ans, m'apporte chips et olives à grignoter, c'est moins gras que beaucoup de conversations. Son sourire accroche le soleil et me rappelle le p'tit voyou « yeux verts », ma femme depuis quarante ans. Ma nostalgie s'arrime à notre amour quinquagénaire ; le vieux bateau n'a plus peur des tempêtes, les flotteurs blancs se dandinent sur la coque comme aux premiers jours. Un petit garçon à la table d'à côté aspire à la paille son Orangina et me regarde fixement. Que suis-je pour lui ? Un vieux, ce curieux animal qu'il ne sera jamais ? Et lui qui est-il ? Siècles et jeunes années se dévisagent.

Il n'a connu ni de Gaulle, ni la guerre d'Algérie, ni les cinémas de quartier à foison des Ternes à l'Étoile, ni Gérard Philipe, Fanfan la Tulipe et la voix du petit prince. Est-il élève à Saint-Ferdinand ?

La cloche de la fin des cours retentit dans ma tête et sonne les premiers pas de la liberté. Fier d'être seul sans dieu ni maître, je passais au feu vert et traversais hors des clous. Maman était à la maison ; la table mise attendait.

Ce fut un jour comme d'autres jours que tout peut-être bascula. Après la récitation, ma mère ferma les livres du devoir, alluma la radio ; je faisais des coloriages. Le carillon reconnaissable d'un flash spécial d'information retentit. Un speaker, la voix tirée à quatre épingles, annonça : « Mesdames et messieurs, nous interrompons nos programmes car nous venons d'apprendre la mort de Gérard Philipe. » Ma mère reposa son tricot et pleura. Le lendemain dans la cour de récréation, j'appris que beaucoup de mamans avaient pleuré. Gérard Philipe était l'ange d'un peuple et de chacun, quand il jouait, le chant des sources, le crépitement du feu, la vibration si douce des fleurs des champs envahissaient la salle entière du grand machin néoclassique qu'était le TNP. Le Cid, Octave, le prince de Hombourg, Richard II, Perdican vous obligeaient à courir avec eux vers l'or des aubes, le sang du crépuscule. Quelques années après, je devenais un comédien, né quelque part dans les grands silences et vacarmes de l'enfance, le cœur qui roule sur les planches comme un ballon sur une plage à marée basse. Une dernière gorgée de whisky, et s'échappe la part des anges.

J'entame mon double expresso, une petite fée se pose sur ma soucoupe, pousse les sucres qui l'encombrent. Elle m'attend, j'ai vingt ans, l'avenir rit très fort, elle sourit, c'est mon premier amour.

Le matin sent le figuier, en douceur la sarriette, le thym, la lavande parfument l'air ; la chaleur n'est pas encore montée, du linge frais claque aux fenêtres. Des voix de plein air se mêlent aux percussions aigres des grillons, c'est normal pour les gens d'ici, providentiel pour nous qui débarquons de Paris après un an passé au Conservatoire national, près des Folies Bergère, du Grand Rex et des Grands Boulevards. Sous le soleil ou la pluie, ça sent toujours le gaz d'échappement et la pierre sale. Je suis tout chamboulé par mes deux seconds prix de comédie classique et de théâtre étranger. « Très bien, jeune homme, mais attention, déjà cabot ! » m'a dit l'administrateur de la Comédie-Française. Mon arrivée au village, entouré de mes camarades, ne laisse pas indifférent. Cabot ? Qu'importe ! « En cheveux et le jarret ferme », parfait jeune premier classique, je pars à la conquête du Castellet, village médiéval regroupé autour de son château. Nous allons y jouer du Musset sur la grand-place. Autour de la fontaine, les gens du cru se retrouvent pour rire ensemble et bavarder. À la terrasse du café, c'est la fin de matinée, on sert les pastis au mètre.

Des anciens jouent aux cartes, indifférents à notre ribambelle joyeuse.

— C'est vous, les artistes qui jouent demain soir ?, nous lance Maurice, le patron costaud et hâbleur.

Son accent a des pleins et des déliés, ça fait du bien comme les vieilles écritures.

— Les artistes, c'est un bien grand mot… répond Patrick, notre chef de troupe.

Nous lançons les banalités d'usage, des noyaux d'olives pour jouer avec un chien qui passe. Maurice avise une pizzeria logée dans la vieille pierre.

— Vous savez, c'est là dans ce petit restaurant que se trouve le four de M. Raimu dans le film de *La Femme du boulanger*, et dites, il marche encore !

Patrick est ébaubi, la troupe tombe des nues. Je devrais être touché, mais à cet instant je me fous de Raimu, de Pagnol et de l'histoire du cinéma ; mon corps criblé d'épingles nie tout en bloc, elle s'avance vers nous, le cœur me tambourine la cage thoracique.

— Annette, je te présente les artistes qui vont jouer demain soir. (À nous :) C'est la patronne de la pizzeria.

L'air ne tient plus qu'à un fil, l'instant se tait ; la jeune femme est prisonnière de l'or solaire et du vent. Je ne suis ni Roméo, ni Tristan, ni « un ver de terre amoureux d'une étoile » mais l'homo erectus qui découvre le feu. Sans perspectives et point de fuite, j'ai le nez collé à l'horizon, des fourmis rouges géantes sucent mon sang, je pâlis. Mes camarades me demandent si je vais bien, l'un parle de coup de foudre, l'autre paie une tournée générale. Le pastis devient le filtre d'un chamane ; le ciel piqueté d'étoiles me tombe sur la tête. Annette fut le premier grand amour de ma vie, une colère joyeuse contre le cours tranquille du fleuve et l'immobilité morbide des lacs. C'était ma deuxième année de Conservatoire, deux ans après le printemps 1968, les fleurs se cousaient sur les jeans, la télé en couleurs avait trois ans, on y fumait beaucoup comme notre président Pompidou. Mitterrand n'avait pas encore limé ses incisives et unifié la gauche, la droite était aux anges, l'ORTF aux ordres, les fresques de « Paris mai » effacées ou recouvertes de peintures blanches. « L'imagination au pouvoir » trouvait son refuge naturel au Conservatoire. On y aimait à la va-vite, nos clés des songes étaient des pétards et les salles de répétitions sentaient le chanvre indien. On était sans nuances, gauche ou droite, Comédie-Française ou TNP, amoureux de Peynet ou le gros dégueulasse de Reiser. Au concours, je passais une scène de *La Mégère apprivoisée* de Shakespeare, une comédie sans mégère ni dompteur, bel et bien le conte d'un amour fou. Le titre reste, la poésie s'efface, c'est le lot des belles histoires, la célébrité engendre au mieux le malentendu, au pire le contresens. Burton/Taylor, couple mythique à la ville comme à l'écran, interprétèrent la pièce en 1967 dans le film de Zeffirelli. Dès l'apparition de Burton en Petruchio, hirsute, barbu, dépoitraillé, les suées de l'ivresse au front, j'étais apprivoisé. Cette même année, je jouais le soir avec Pierre Brasseur qui fut lui aussi un mémorable Petruchio. Plein du jus de la treille au fond d'un restaurant ouvert jusqu'à l'aube, par onomatopées, râles et larges gestes, il réinventa ma scène de concours, juste avant de se perdre au fond de la bouteille. Superbe et généreux, définitivement hugolien et monstre de théâtre, il me fit cet unique commentaire : « Petruchio, il faut le jouer en vaincu. Plus Catharina gueule, plus il parle bas, la certitude d'aimer rend fort… (Il tira une longue bouffée de son fume-cigarette, s'essuya les yeux derrière ses lunettes.) Plus tu es puissant, plus il faut jouer léger. »

Le rôle et ma vie se construisaient, se confondaient aussi. Je riais court et aigu comme Burton, tirais sur mon fume-cigarette comme Brasseur – qui m'avait avoué, entre deux verres, copier lui-même Jules Berry. Qui étais-je ? Un moi « éparpillé façon puzzle » ? Des moi empilés sous un masque ? L'éternel héritier du hasard ?

Au Castellet, le temps s'est figé. Annette s'est assise sur la margelle de la fontaine, a croisé les jambes, elle retient d'une main sa robe d'été qu'un vent fripon soulève. Son chemisier blanc flotte, sa gorge s'y glisse, ses seins dorés s'y devinent. Sa chevelure prend le soleil comme la batée d'un chercheur d'or. Nos regards se croisent, elle me sourit. J'ai peur, la vie danse et m'embrase. Annette joue les premiers instants d'un rôle que je lui ai donné et ne le sait pas. Elle, mariée avec des enfants vivant à Marseille, moi célibataire avec des copains vivant à Paris.

J'écris des lettres-fleuves, elle répond quelques mots ; je conclus par « je t'aime », elle par « tu me manques ». Elle m'écrit que son mari l'a quittée ; je la rejoins. Marseille sent la mer, l'ombre, le soleil et le vent. Elle ne le sait pas, elle ne le voulait pas, je suis en bas de chez elle. Derrière la fenêtre, tourne-t-elle les pages d'un livre, d'un rêve ? C'est l'été. Je ramasse quelques cailloux, les jette sur ses volets, une fois, deux fois, la venelle vieillit d'un siècle… Enfin, elle entrouvre un battant et murmure : « Monte. » Elle est là devant moi, nous ne nous sommes jamais embrassés, jamais pris la main, tout juste nos regards se sont-ils émus l'un de l'autre. Nous nous taisons, nous ne nous regardons pas, sa main est proche de la mienne. C'est un mauvais film et une jolie histoire, de l'eau de rose et deux souffles qui s'unissent et s'affolent. Mes doigts se tendent, mon cœur se crispe, ma main frôle la sienne. Elle essuie une larme qui coule sur ma joue. Un baiser se pose sur mes lèvres et s'envole.

C'est beaucoup de lettres plus tard que nous nous sommes aimés, avons partagé la petite mort. C'est la fin de l'été, son mari est revenu et travaille avec elle à la pizzeria. Je veux la revoir en dépit de tout, elle me conjure de ne pas venir, de ne plus écrire ou téléphoner.

Entre James Bond et Don Juan, avec Gérard, mon ami de toujours, j'organise une expédition au Castellet. J'escalade la colline, me cache dans les ruines du château à quelques mètres du restaurant. Mon Sganarelle, lui, a commandé l'air de rien une pizza. Hélas, il n'est pas comédien et bégaie lorsqu'il s'émeut. Tout rouge, il lui glisse un mot dans la poche du tablier : Annette est prévenue. Enfin elle est là, affolée, le mistral s'est levé, elle se refuse et m'enlace, m'embrasse et me supplie de la quitter. Je suis sûr que la nuit perd ses étoiles.

Nous continuons de nous écrire, la fièvre ne nous quitte plus. Malades l'un de l'autre et incurables.

Je voudrais faire sonner mille violons sous son balcon et par un acte de chevalerie châtier le réel ! Annette ne tiendrait plus la caisse de la pizzeria, ne dirigerait plus le personnel, n'aurait plus ses deux filles, ne ferait plus la vaisselle et les lits, mais lorsqu'elle marcherait vers moi, s'assoirait au bord de la fontaine, elle serait ma reine, l'inaccessible étoile de Don Quichotte. Donc il me faut une Rossinante, partir à la conquête des géants, des putains et des reines, les voies lactées de ma nuit. De Paris je rejoindrai la Canebière et enlèverai ma Dulcinée.

Je prépare mon Vélosolex pour une chevauchée historique. John Wayne, je le jure, n'a jamais eu autant mal aux fesses ! Quinze jours durant, je sillonne les routes de France à l'allure d'un char à bœufs et en pédalant dans les côtes. J'arrive raide meurtri, hagard devant ma princesse. M'agenouiller m'est impossible, j'ai la fièvre, faim et soif, je ne suis pas un héros mais un rescapé, pire, un bon à rien. Annette ne peut pas me prendre dans ses bras au risque de me casser. Un bain chaud et son rire réparent mon corps raidi.

Nous nous endormons main dans la main, rien de plus.

Le lendemain, je dois partir, un tournage m'attend à Paris. Nous avons mis le Solex dans le train, Annette m'a aidé à monter dans le wagon. Une fois encore, Don Quichotte avait rêvé. Épilogue : j'ai soixante et onze ans, je joue à Marseille, on me remet une lettre à l'issue du spectacle. Aucun nom, aucune adresse d'expéditeur. Je décachette, le papier est fin et plié en deux ; ce n'est pas une longue lettre, ce sont quelques mots, comme avant, c'est son écriture appliquée, aux lettres bien rondes et dessinées : *Tu fus et restes la plus belle histoire de ma vie, Annette.*

J'aurais tellement voulu prendre un café, un pastis, lui dire que j'avais remplacé mon Solex par un vélo électrique, lui raconter ma femme et mes enfants, qu'elle me raconte ses filles, ses amours, ses prétendants, je lui aurais raconté Paris et elle Marseille, la Seine et la mer, nos vieilles mains se seraient retrouvées.

« Tous mes souvenirs s'écartent, un peu semblables au jeu de cartes… » Maxime Le Forestier et moi avons trente ans. Lyon, je dirige mon premier théâtre, je me suis marié, elle aime les animaux. C'est un labrador. Un peu Baloo.

Dans les coulisses, la lumière des lampes à huile monte sur les voûtes humides, danse sur les corps huilés des athlètes qui attendent. Impatients, leurs glaives, lances et boucliers se choquent, l'écho s'empare du bruit glacé de la mort. Une lourde porte de chêne clôt le chemin du combat ; la lumière crue du soleil s'infiltre entre les planches disjointes. Derrière, l'arène gronde, la plèbe chante, crie et murmure, des notes de cornua et de lyres s'envolent comme des chants d'oiseaux, le brouhaha devient tour à tour psaumes et incantations guerrières. Les acteurs vont entrer en scène. Le spectacle a ses codes, ses arbitres, ses gladiateurs, ses gladiatrices et ses enfants. Matrones vestales et prostituées sont admises et nombreuses. Comme le plébéien ou le consul, elles attendent leur vedette. Spartacus est thrace ; son art du combat est célèbre et ses prestations attendues. Dans l'arène, la mort est l'ombre menaçante de l'art. L'histoire et la légende racontent qu'il fut à la tête d'une des plus importantes révoltes d'esclaves ; arrêté aux portes de Rome, il meurt crucifié. Vingt siècles plus tard, je sors du film *Spartacus* de Stanley Kubrick ; Kirk Douglas, cheveux en brosse et bodybuildé, interprète le rôle-titre, sir Laurence Olivier le proconsul Crassus. Les siècles n'y peuvent rien, l'esclave qui a failli faire tomber Rome perpétue l'esprit de révolte et de liberté, c'était vingt-sept ans avant Jésus-Christ.

En 1981, Giscard, théâtral et abattu, nous a dit au revoir. Faux aristocrate et grand argentier de Pompidou, vrai libéral et candidat inattendu à la présidence, grand bourgeois et séducteur impénitent, l'homme longiligne et dégarni avait brandi sa jeunesse comme la panacée de la Cinquième République. Il soutiendra le droit à l'avortement. Devant une assemblée de vieux mâles baptisés, une dame aux grands yeux bleus se bat à mots et mains nus, le cœur serré. Les ténors de la sottise et de l'horreur traitent de nazie une rescapée des camps. Une kapo l'ayant trouvée jolie lui a évité la mort. La beauté sauve parfois. Éprise de liberté, d'indépendance élégante, Simone Weil surprend un présentateur : en direct, elle défait son chignon, ses cheveux longs tombent sur ses épaules. Cette femme est belle, l'une des plus belles de notre histoire. Dans les années soixante-dix, 343 salopes font trembler le patriarcat et la bigoterie universelle ; hors-la-loi, elles proclament avoir avorté. Romancières, avocates, actrices, un bataillon de mères courage piétine les mesquines plates-bandes de la vieille Europe.

Je referme le livre *Spartacus* d'Arthur Koestler, je pense à elles, à ces héroïnes, j'entends le silence de ma maman, celui des femmes esclaves du désir de « leurs hommes », des mariages organisés. Je pense à l'une des 343 : Delphine Seyrig. Nous répétions *Tartuffe*, elle jouait Elmire et moi son beau-fils Damis. Elle avait les dons de la grâce, sa voix glissait dans son sourire comme le pied de Cendrillon dans un soulier de bal, chacune de ses répliques m'invitait à danser. Souvent, à la pause, elle avait une petite faim ; alors je me précipitais à la cafétéria pour lui offrir un croissant jambon-beurre, spécialité des studios de la SFP qu'elle adorait ; je la regardais croquer entre deux rangées de perles ce fruit défendu. Rite amoureux chaque jour répété pour un grand sourire que l'éternité prend dans ses bras. Je pense à Ève, sa pomme et son serpent, on ne rompt pas si vite avec les mensonges de l'humanité.

La parole et les mœurs se libéraient, la pilule était un bonbon, les capotes anglaises des bombes à eau, j'en rêve d'une plus vaste pour protéger mon cerveau de l'immondice des traditionalistes de tout poil.

L'électoralisme est barbare : Giscard n'accordera pas sa grâce à Christian Ranucci, un condamné à mort de vingt-deux ans.

On ne coupera plus un homme en deux : Mitterrand est élu. Les caméras le perdent dans les couloirs du Panthéon le jour de son investiture. Trois semaines plus tard, un médecin de l'armée lui apprendra qu'il est condamné. Dans la solitude vaste de l'Élysée, Baltique, son labrador noir, lui tiendra compagnie. Celui qui croyait aux forces de l'esprit se prépare à mourir très lentement, comme le vieux siècle dont il est issu.

J'ai trente ans et tout jeune marié, je suis un homme, dit-on, à la ville comme à la campagne. À nos côtés, un cœur de bébé bat très vite. Sous une pelisse noire trop grande pour lui, il pose ses pattes palmées comme un batracien. C'est un chiot d'eau et de glace, ses grandes oreilles tombent, son regard aussi, un gros chagrin de rentrée des classes au fond de ses yeux me donne envie de le prendre contre ma poitrine, là où les hommes serrent fort l'ami cher qu'il faut réconforter. Regrette-t-il les déserts blancs du Labrador ? Qui sait ? Il lui fallait un nom commençant par S pour l'état civil canin, nous l'appelons Spartacus.

Esclave de notre affection, il grandit en rebelle, nous plaque au canapé, nous terrasse sur le tapis, sa queue bat la mesure. Sur la terrasse, d'une pelouse aux massifs de fleurs abondants notre quadrupède a fait son Colisée ; il s'y bat, s'y rue, s'y roule, y mord au sang les pivoines écarlates. Les tiges rompues et les pétales gisent sur l'herbe tendre.

Nous ne vieillissons pas ensemble mais grandissons de concert.

Aux répétitions du *Mariage de Figaro*, il a son fauteuil d'orchestre et pense, l'œil mi-clos. Les animaux et les poètes voient ce que les autres ont cru voir ; lorsque le décor d'une chambre nuptiale se referme en une boîte haute et grise, il hurle à la mort. Sommes-nous de pauvres animaux qui comprennent moins vite que les bêtes ?

Dans nos longues promenades, je lui parle, il me répond. Son regard tendre me console, me gronde, m'enjoint d'aller plus loin ; je me dis qu'il veut plus que la peau de mes secrets, il en veut le cœur.

Qu'un oiseau surgisse et le lien se brise. Comme les hommes, il chasse et mange avant tout. Un jour, je l'ai perdu. Dans le parc de Saint-Cloud, champ clos de l'angoisse, je ne vois plus le soleil, rien que l'ombre portée des arbres, l'obscurité des sous-bois. Je suis orphelin de mon compagnon, une tristesse brute m'envahit. Je cours, je m'emballe, m'enfonce dans les ténèbres… Enfin des gémissements, c'est lui, c'est bien lui, tétanisé au pied d'un arbre. Ses grands yeux me fixent, il me lèche la main, je suis un bonhomme de neige et je fonds. Le soleil s'extirpe du ciel gris, son escapade n'était qu'un nuage, une fausse teinte, comme on dit au cinéma. Je lui remets sa laisse, je ne sais plus très bien qui tient l'autre.

Spartacus sera mon prochain spectacle au centre dramatique national de Lyon. Pour gagner le cœur des Lyonnais qui font l'opinion, j'organise avant la première un festin servi dans le musée gallo-romain. La cité des Gaules est tenue par un triumvirat : le maire qui s'endort partout, l'adjoint à la Culture – l'avocat des truands – et Paul Bocuse. En toge et sandales romaines, l'empereur trois étoiles dirige ces légions de commis et serveurs tel Pompée à la bataille d'Ausculum. Des vestales côtoient les épouses et maîtresses des élus municipaux, des danseuses à peine voilées, clochettes aux chevilles, roulent leurs ventres devant monsieur le maire qui rouvre sa paupière. Les sangliers rôtis sont présentés sur leurs broches géantes par des acteurs gladiateurs.

Une représentation est offerte aux invités repus, le maire n'est plus le seul à s'endormir, de légers ronflements s'échappent de la salle. Juste retour des choses d'ici-bas. Les patriciens n'ont jamais aimé que les esclaves deviennent des héros. Rome, la grande histoire doivent être servies à feu doux, la viande crue des asservis est indigeste.

Pour reconstituer le marché d'esclaves, je voulais que les acteurs soient nus, jeunes et vieux, hommes et femmes en tas sous une bâche.

J'avais convoqué la troupe des comédiens et figurants pour leur dire :

— Je veux mettre en scène un marché d'esclaves loin du péplum, où se vend du muscle, du sexe, de la force, des seins, du cul au kilo, où tout esclave qui pense est une denrée avariée. C'est très violent et si un seul d'entre vous refuse de se mettre à poil, j'abandonne mon idée.

Le silence est long. Mémé, notre figurante la plus âgée, se lève, se déshabille et dit simplement :

— C'est bien et important, alors allons-y.

Au milieu de tous, elle est nue ; son corps usé est beau et fier. Quelques instants après, d'autres vêtements tombent, certains cachent leur sexe, d'autres sont au garde-à-vous, maladroits. Le tableau se constitue, les peaux, les membres, les bustes se touchent, s'enfoncent et s'emmêlent.

J'apprendrai plus tard que Mémé fut une des grandes résistantes de la Deuxième Guerre mondiale et avait connu les camps. Elle ne m'en avait jamais parlé, elle n'a jamais voulu m'en parler, elle allait témoigner seulement dans les écoles. À l'approche d'une des dernières représentations, Gilbert, un figurant d'une soixantaine d'années, demande à me voir. Sa maman, me dit-il, est dans la salle, pourrait-il exceptionnellement garder son slip ? J'accepte, il est heureux. Les représentations sont terminées, abandonnées au souvenir et à l'oubli, restent la grandeur et la tendresse des petits secrets de fabrication.

Spartacus a grandi, nous marchons toujours ensemble, son regard est encore plus affectueux et triste, la vie court, avec lenteur il devient un vieux chien. Sa queue remue quand c'est l'heure de la gamelle ou qu'il me rapporte un oiseau intact dans sa gueule. Et puis il ne court plus, il ne marche plus, il reste la tête basse sur ses grosses pattes de devant. Il souffre en silence, les chiens aussi connaissent les crabes infects. Il nous regarde, c'est infini et infiniment triste. Il a peur, il sent que c'est la fin, ma femme le prend dans ses bras. Le vétérinaire fait son travail. Spartacus était de la race des chiens qui guide les aveugles.

Au bistrot du coin de la rue, c'est l'heure creuse, personne. Les âmes mortes s'invitent à ma table et c'est bien. Belle et dingo corps et âme, élégante, c'est Marie, « la petite fée » du théâtre Mogador quand je jouais Cyrano.

Qu'un vent se lève, la houle court sur le haut des dunes, s'accorde au chant de l'océan. Sur la grève grise se dispersent des émaux de coquillages, des flaques de mer où se reflète le ciel entre des cheveux d'algues ; tout me transperce et me change.

À ces heures abandonnées, un mot surgissait, un vers de poète – parfois de mirliton – s'accrochait à mes lèvres sans même être désiré. Depuis quelque temps, Cyrano tombait de la lune, se mettait dans mes pas. Il avait suffi de ce presque-rien, de ce coup de canif du soleil dans un ciel couvert pour que mon rêve d'enfant voie le jour : jouer Cyrano de Bergerac, héros national adulé de tous ; pour sûr, je ferais pleurer Margot et nos élites républicaines. Un dîner arrosé, de la poésie en vrac et de la gaudriole en frac suffirent pour que le Jérôme Savary du Grand Magic Circus, en bon marin qui vous amarre à l'infini, devienne mon metteur en scène. Mogador était le théâtre choisi, celui des grandes heures de l'opérette, celui désormais d'un champ de bataille avec ses petites mains qui reprennent l'ourlet et remplument le chapeau, ses machinistes et cintriers qui font s'envoler le siège d'Arras et tomber les feuilles d'automne, cette grande armée de la magie et de l'ombre. Jérôme en était le maréchal soiffard et fleur bleue, sa voix de stentor sonnait la charge. Aussitôt figurants et acteurs livraient combat comme les Anglais d'Azincourt, le théâtre triomphait à tous coups ; cœurs et vers mêlés s'envolaient en bouquets de ballons rouges. À deux pas d'une église, de pas mal de bordels et des grands magasins, Cyrano prêtait son esprit à Christian, son âme à chacun d'entre nous. J'étais persuadé d'entendre Olivier Messiaen m'accompagner aux grandes orgues de la Trinité tous les soirs à heure fixe quand je croyais secouer le monde : « Calculer, avoir peur, être blême ? Non merci, non merci, mais chanter, rêver, être libre. » Si le monde est un théâtre clos par la nuit des temps, la salle est sourde, la scène naïve et le spectacle continu. Shakespeare était anglais, Thatcher l'était aussi... Là était toute la question, des mômes qui rêvaient de jouer à Liverpool allaient faire la guerre pour un îlot des Malouines, dans les mines en Irlande on se taisait ou on mourait. Chirac préférait le cul des vaches du Salon de l'agriculture qu'une réunion au sommet avec la dame patronnesse de l'Europe. Romy Schneider nous quittait. C'était désormais l'hiver, son âme nous enveloppait comme un grand châle. Son regard a toujours été d'un autre monde, déjà au bout d'un immense retirement, elle nous donnait en partage joie et tragédie, l'un dans l'autre.

Les rats des dictatures ne rongeaient pas la terre entière et les œillets fleurissaient au Portugal, Salazar rejoignait Franco dans les fossés de la honte. Klaus Barbie était arrêté à La Paz puis jugé à Lyon, un procès pour l'Histoire, dira-t-on ! Des petits pas pour la paix contre les pas de géant de l'ignominie. Le journal *Libération* continuait d'être le champion des unes : Milou hurle devant le corps allongé de son maître : « Waaooouu, Tintin est mort. » Disons qu'Hergé, mille sabords de tonnerre de Brest, a cassé sa pipe. Tintin, blondinet à la houppe, pantalon de golf et petit chien, n'avait pas fini de nous surprendre par sa longévité.

Cyrano fait un triomphe, les politiques viennent en grand nombre, en grand nombre ils applaudissent, ils aiment par-dessus tout l'esprit français. Le rebelle pour eux, comme pour nous, reste une nécessaire transgression, on en oublie les plis et replis de l'œuvre où, loin du clairon, un fifre murmure nos désarrois les plus intimes. Tous les jours, l'administration du théâtre se bat pour placer les amis des amis, les politiciens de tout poil, les journalistes de tout crin. Le beau-frère et ami du président, le commissaire Navarro, célébrité du prime time, trouve légitime de demander six places et des bonnes pour le même soir : « C'est impossible puisque nous sommes complet ! » Le scandale éclate, la guéguerre parisienne est déclarée. Deux femmes font face aux fureurs du divisionnaire de TF1 : l'une, Odette surnommée John Wayne, moins grande que lui et sans cheval, jamais sans son chapeau de cow-boy, les jambes arquées, trapue, la cigarette toujours aux lèvres, à son bureau comme au saloon, rembarre les quémandeurs et les emmerdeurs. L'autre, c'est Marie surnommée Marie, une grande dame brune, un lys en hiver, un coquelicot esseulé dans les champs blonds de l'été, une amie, ma sœur, ma meilleure amie.

La départementale 83 mène à Saint-Hilaire-Taurieux, l'église y sonne toujours mais n'y règne plus. Adossé à son clocher haut, ni roman ni gothique, le presbytère sans curé vit encore, il y a des rideaux, les huis des portes et des fenêtres sont de couleurs vives. C'est chez Marie. Elle est de Paris et moi aussi, dans le patois local c'est une Baraqueine, c'est-à-dire un peu gitane. Baraqueine au goût des uns ou trop fluette au goût des autres, des bras qui ne peuvent pas aller au travail : elle reste l'étrangère qu'on a acceptée. Mais si Marie ne tue pas le poulet, et si Yvonne, sa voisine, ne monte jamais à la capitale, entre elles l'amitié est belle et robuste.

Chez Marie, on lit entre deux parties de Scrabble, on écrit, on prépare scrupuleusement des repas qui retrouvent les heures fixes de tôt le matin et tôt le soir.

L'air du temps flotte dans le jardin, les pièces sont rafraîchies par de beaux murs de pierre. Sous la tonnelle, dans le salon, à la cuisine tout est délicieusement choisi : la chaise, la laisse, le crayon, la cuillère, le pot à eau, les cafetières, les tapis, les luminaires, le cadre des photos… Il y a là, mêlés à l'odeur du plat qui mijote pour le soir, les parfums mystérieux de la belle époque, le parfum de Marie. Nulle nostalgie chez elle, mais une sagesse racée ; celle des grands sauvages, un calme déterminé qui guide les pas, mes pas.

Ce libre accès à la sagesse, Marie et Philippe l'avaient choisi il y a plus de vingt ans. Philippe n'est plus là, il se repose, attend Marie au bout du village, là où la route se termine. On ne traverse pas Saint-Hilaire, on s'y arrête ou on fait demi-tour. Les tombes se tassent sur un carré d'herbe et de terre, surplombent la vallée ; des dalles de marbre noir, d'autres de pauvres pierres grêlées marquent fermement le territoire des morts : nul espoir que la vie s'y faufile.

Mais Marie la Baraqueine en a décidé autrement, là où dort Philippe entre le ciel et la terre, pas de dalle, juste un rosier. Ses branches nues de l'hiver, ses bourgeons du printemps promettent pour l'été une grande conversation de roses blanches.

14 novembre 2012, Marie ne jouera plus au Scrabble avec Christine dans le jardin. Nous sommes au cœur de la journée, pourtant il me semble que le soir tombe dans un jour qui s'achève. Je suis partagé… Lui dire je t'aime ? Lui dire reviens, ou peut-être regarder les vaches et me taire ?

Ce jour-là, un hommage, un sermon, des mots coincés, maladroits, embourbés dans une émotion encore trop vive d'un très proche, qui tente d'évoquer trop tôt l'éternité, la mémoire, sorte d'illusion qui rend l'absence acceptable. Le souvenir est une image brève et heureuse, une irruption magique dans votre tête du chant de la voix aimée, celui d'un rire, le murmure d'un sourire ou des longs cheveux que l'on dénoue.

« Jââácques, n'en fais tout de même pas trop. »

Marie me grondait en empilant quelques accents circonflexes sur mon prénom ; souvent pour me dire au revoir, la Sarah Bernhardt de la Corrèze, un bras tendu aux cieux, l'autre chassant de sa vue le malheur qui l'étreignait, déclamait en un sanglot : « Adieu, mon Jââácques. »

Oui, partir est toujours un improbable ou impossible adieu ; Marie théâtralisait parfois, pour se moquer ou se retirer d'un monde qu'elle connaissait trop bien. Elle donnait du chic à la vie, en saisissait la secrète et sauvage élégance, sans doute une autre manière de se taire et d'agir.

Ce n'est pas parce qu'elle était née là-bas, outre-Atlantique, mais elle était parfois furieusement Hollywood. Jamais actrice mais toujours star, elle traversait le monde en robe du soir. Toujours de gauche, aujourd'hui comme hier, ça irritait les imbéciles, les conservateurs qui savent si mal conserver, aurait dit Flaubert.

Oui, et c'est tant mieux, Marie ne faisait pas l'unanimité chez ceux qui confondent une recette et un public, une affiche et une œuvre, le théâtre et un parking. Oui, Marie était excessive, de parti pris, de bonne foi d'une mauvaise foi extrême, mais toujours du côté d'une pensée engagée, libre, profonde et travaillée. Amie inconditionnelle du poète, elle aimait la fête et la bataille, l'ivresse des jours et la rigueur de l'heure fixe ; l'ordre était chez elle l'élégance du désordre. Et puis elle riait comme une enfant devant l'histoire du « Gros cochon qui voulait maigrir » de l'ami Jérôme, *il poeta* comme disait Strehler, pleurait en écoutant Julio Iglesias.

Oui, elle exagérait, Marie, d'être si belle et de le savoir, aussi délicate avec les tasses à café, les animaux, les fleurs qu'avec les hommes. Elle nous jouait parfois les « Marie-Chantal » lors même qu'elle était une camarade de combat, une utopiste dévouée qui cherche dans la beauté la promesse du bonheur.

Oui, elle exagérait, Marie, « mais pour le principe et pour l'exemple aussi, je trouve qu'il est bon d'exagérer ainsi ».

« Mon Jââââcques, c'est peut-être un peu long ! » Oui, je me rattrape, moi qui ces derniers mois t'avais laissé un peu tomber, trouillard que j'étais de ce crabe qui te rongeait le ventre. « Oui, c'est pour ce soir, je crois, ma bien-aimée », oui je prends ma voix de crooner et nous chantons en duo *Vous les femmes*, oui, oui, et surtout, je me souviens de tous ces soirs, des soirs, un soir à Mogador.

« Mais ce soir, il me semble…
Que je vais vous parler pour la première fois !
— C'est vrai que vous avez une tout autre voix.
— Oui, tout autre, car dans la nuit qui me protège
J'ose être enfin moi-même et j'ose…
Où en étais-je ?
Pardonnez mon émoi… »

Je savais que tu étais là avec Christine, je sais que tu es toujours là avec Christine, alors ces fameux derniers vers, les derniers mots, les vrais derniers, ce sont les tiens, ils sont à toi, pour toi, par toi, on ne gravera pas sur la pierre, ils s'envoleront avec les roses, avec le vent.

« Oui, vous m'arrachez tout, le laurier et la rose !
Arrachez ! Il y a malgré vous quelque chose
Que j'emporte, et ce soir, quand j'entrerai chez Dieu,
Mon salut balaiera largement le seuil bleu.
Quelque chose que sans un pli, sans une tache,
J'emporte malgré vous, et c'est… c'est mon panache ! »

Ange noir aux yeux si tendres… S'il entrait dans le bistrot, un asticot de comptoir dégainerait : « Encore un pédé cuir. » Beau de partout, il est entré dans notre vie à Christine et à moi, et le sida dans la sienne.

Au bout du comptoir : « Ah, c'est pas moi qui l'attraperais cette saloperie, n'est-ce pas, mesdames ? » La Connerie aussi est une pandémie permanente.

La porte s'ouvre. La casquette, le blouson, le pantalon, les chaussures, les bracelets, tout, même le sourire, est de cuir. Le poitrail dénudé, le téton gauche percé d'un petit haltère, ses grands yeux acier m'éventraient, j'étais la prochaine victime de Charles Manson, le meurtrier diabolique de Sharon Tate. Pour lui ressembler à ce point, c'était à coup sûr un descendant du Belzébuth hollywoodien.

— Hello ! Je suis Luc.

Sa voix d'outre-tombe nous fit trembler, moi et le lustre ; quant à mon jeune labrador, il devint le lapin sous le regard d'un chien d'arrêt. À demi conscient, je reconnais le prénom : c'est l'ami américano-belge que Maxime Le Forestier m'a recommandé.

— Ah oui, bonjour, Maxime m'a beaucoup parlé de vous.

Maxime, c'était l'ami, le chanteur, la vedette engagée, la barbe poussait entre Vian et Brassens ; sa chienne Misère, à ses pieds, l'écoutait sur la scène du Palais des Congrès. Engagée elle aussi, les oreilles se dressaient aux paroles du *Déserteur* ou du *Parachutiste*. Les anciens avaient Line Renaud et sa cabane au Canada, les hippies Maxime et sa maison bleue accrochée à la colline. La chanson nous racontait la vie d'une communauté avec Lizzard et Luc, Psylvia. J'ai devant moi le Luc, héros bien involontaire d'une salle fervente qui reprenait a cappella le refrain de la chanson, briquets allumés.

Je le fais entrer. Ses brodequins ferrés cliquettent sur le parquet, d'un déhanchement limpide il s'assoit sur le canapé avec un je-ne-sais-quoi de Marilyn Monroe, le salon sent le fauve et le parfum. Je suis sous emprise. Il est acteur et roi, tout à la fois Cléopâtre et le serpent qui mit fin à ses jours. Il me raconte sa vie en communauté à San Francisco ; l'amour y batifolait dans une liberté réinventée au jour le jour. Un « well, well » de basse russe ponctue des aventures qu'il conte à l'allure tranquille d'une Harley Davidson.

— Well, well ! J'ai organisé des performances sous le pont de Brooklyn, sur le pont de Washington...

Son regard s'adoucit, sa voix caresse le corps nu des souvenirs. Il ne veut pas m'effrayer, chahuter l'acteur classique et ma « french touch » parfois hautaine.

— Well, well, j'ai fait beaucoup de mises en scène privatisées.

— Privatisées ?

— Intimes !

L'intonation risquait l'excommunication. Je reste interdit.

Il se penche vers moi pour une confidence onctueuse :

— Ce sont des mises en scène sado-maso, Maxime a dû vous le dire, je suis gay, un peu cuir... et j'aime beaucoup improviser des spectacles, disons, well, well, provocants, so sorry. Dernièrement, j'ai dirigé un happening, des hommes nus enchaînés au pont de Brooklyn, l'écartèlement et la tension des chaînes les… well, well… faisaient bander… Yes, yes… oui, c'était très beau… émouvant.

Son regard est gentil et sa voix tendre.

— J'ai joué et monté Shakespeare dans une boîte gay… que des hommes. Well, well, les travestis c'est formidable, mais j'ai fait des choses disons plus conventionnelles aussi. Oui, au fond, j'aime surtout jouer.

Le café sentait bon, nous étions bien. Notre amitié était en train de naître.

Le soir de la mort de Brassens, dans la rue de la Gaîté, un soir d'octobre 1981 près du théâtre Bobino, on parlait moins fort. À La Belle Ferronnière, sa brasserie préférée, les habitués du zinc évoquaient le grand Georges – un monsieur ! Même avec le pousse-café ou la petite mousse, la triste nouvelle ne passait pas, en salle on repoussait les frites au bord de l'assiette ; on n'avait plus faim.

Ce soir-là, à Bobino, c'est Maxime qui chante. Les voyeurs attendraient ses larmes, les copains d'abord les partageraient. Le poète qui matait les amoureux des bancs publics emmerdait le bon Dieu dans un petit coin de paradis.

Je réentendais les soirées entières où Maxime le chantait, les petites fleurs et les peaux de vache, les cons et les braves se gardaient bien de reprendre les refrains : Brassens, ça se respecte. Artisan de la langue, bricoleur de l'hémistiche, les mots mettaient une cravate pour aller voir les gens, Maxime même au fin fond des nuits éméchées savait cela, le *i* retrouvait sa pointe et le *o* sa rondeur, son phrasé polissait le mot comme le luthier son violon.

La lumière s'éteint, Maxime entre en scène, les applaudissements resserrés par la douleur montent de la salle. Maxime, vertical devant son micro, joue les premiers accords de *Dans l'eau de la claire fontaine*... Il parvient à chanter, les larmes contre la digue blanche de sa voix.

Maxime fréquente le dictionnaire plus que le missel, aime les chevaux et les chiens. Il parle peu, écoute beaucoup, en connaisseur ses mots sont choisis, ses phrases brèves ne flottent pas, un silence précède et conclut. Il fut bon élève de violon, déclina le latin puis gratta une guitare, blanchit les nuits en fumant des pétards. Écrivit des chansons qu'on chantonne une vie entière, qui sitôt entendues révèlent les photos d'une décennie. La maison bleue dit encore une époque où les jours explosaient en bombe de couleurs comme ces fêtes indiennes où des poudres multicolores unissent les foules d'une joie sauvage et sacrée. Luc était là avec moi, Bagheera devant Baloo.

Woodstock est déjà loin, on taille les barbes et on coupe les cheveux ; les fleurs ne poussent plus sur les jeans délavés.

En France, Dewaere s'est donné la mort, Depardieu devient un acteur solitaire, Delon et Bébel s'essoufflent et de Funès part en grande vadrouille chez les morts. Le printemps prend le temps, la démocratie s'ébroue, les radios libres fleurissent, Coluche chahute la Cinquième en salopette, il déride ce cher et vieux pays des nostalgiques du général de Gaulle. Dans *Droit de réponse*, chez Michel Polac, la subversion montre ses muscles, la liberté en colère veut aller plus vite et plus loin. Les communautés se raréfient, on n'y fait plus ses fromages de chèvre et pousser son pavot, on rêve moins, on pense plus. Un bruit court dans les facs, les bistrots, les boîtes de nuit, le bruit sourd et long de bombardements lointains. À New York, San Francisco, Miami, Los Angeles, de jeunes hommes gays, très fatigués, meurent. Leurs organismes ne se défendent plus, cèdent aux moindres infections sans qu'on sache pourquoi.

Le bruit de ces morts inexpliquées ne cesse d'augmenter, les cas se multiplient. On parle déjà de la maladie des homosexuels, coupables avant d'être mourants. Luc, au fil des semaines, se met à compter ses amis disparus, ses amis survivants. Le sida est né. Le monde désormais bandera sous cloche, l'éjaculation gonflera des ballons de foire au bout de la queue. Le monde délire, les drogués deviennent une race maudite, les homos des anormaux victimes de la vengeance divine, les hétéros des normaux. L'obscurantisme en raie géante recouvre le monde. Barbara chante *Sid'amour à mort*, distribue des capotes à la sortie de ses récitals. Les artistes et les homos résistent, s'amusent, l'imperméable du gland devient un sex-toy, en urgence la joie de jouir et vivre se réinvente. De jour en jour, chacun perd un ami.

Luc est fatigué, sur son épaule une tache violette est apparue. Un coup de fil, un silence et deux mots. Le rendez-vous est pris, il fait beau et chaud, je suis en terrasse, des gens y rient, y lisent, s'y ennuient, des vies se taisent, des pigeons se posent, ils sont gris et empruntés, j'attends Luc.

Je veux l'embrasser, il refuse. Il a peur pour moi, on dit tant et tant sur la contagion. Moi je pense à la peine capitale, au combat réussi de Badinter et à l'impuissance absolue des médecins. Luc est condamné à mort, il boit une bière, regarde les voitures démarrer au feu vert, demande des nouvelles de mon chien, de ma femme, me dit que j'ai de la chance. Ses yeux s'arriment aux miens.

— Je veux continuer de jouer, je prendrai les précautions nécessaires.

Luc jouera sur scène jusqu'à ses dernières heures.

Pour l'inauguration du nouveau théâtre de Nice, je mets en scène *Le Misanthrope* ; Christine, ma femme, m'assiste, Emmanuelle Béart joue Célimène, je joue Alceste. Le valet Du Bois n'a qu'une scène, Luc peut l'interpréter. Fatigué, il la joue appliqué et joyeux, obstiné à vivre.

Un matin, l'hôpital appelle :

— M. Luc Alexander est très mal, il ne pourra pas jouer ce soir, nous devons le garder en observation.

Avec Christine, nous courons à son chevet. Il nous montre son corps ravagé, ses yeux acceptent la fin du combat, sa voix nous implore de jouer une fois encore, une dernière fois, il sourit.

Il n'a pas le droit de dire des choses comme ça. Je sors de la chambre, l'interne est jeune, l'infirmière d'expérience.

— Dans son état, c'est impossible qu'il sorte.

— Dans son état, c'est important qu'il joue.

— Il risque un malaise, voire plus, nous ne pouvons pas prendre cette responsabilité.

— Je la prends, je l'embarque, il va jouer.

Maxime, prévenu, nous rejoint en coulisses. On habille Luc, on le maquille plus que d'habitude. Christine et Maxime le soutiennent dans les dessous de plateau. Il n'a rien voulu changer à la mise en scène : il sort d'une trappe. On le lâche, il grimpe seul les dernières marches, livide, sa voix est douce et profonde, il assure chacun de ses pas comme sur un sentier de haute montagne. Emmanuelle, ce soir, durcit son regard contre ses larmes mais l'air est en porcelaine, chacun de ses gestes y prend garde, ce soir au théâtre la vie est si fragile. Nous craignons qu'il ait un trou ; accroché à son texte, j'en oublie le mien. Je ne l'avais jamais voulu mais pour la première fois, Alceste et Célimène se prennent la main. Du Bois a envie de rire. Au salut, nous avançons avec lui puis le laissons seul devant. Nous l'applaudissons, son sourire est radieux.

Plus tard, son compagnon nous appellera pour nous dire que c'est la fin.

Nous sommes à son chevet. Il nous regarde et, dans un souffle, demande des nouvelles de Spartacus. On vient de le faire piquer, il souffrait trop, Christine s'était juré de ne rien dire pourtant elle se penche, lui caresse la joue et lui annonce la mort de notre chien. C'est fini.

Pour Luc et Spartacus, pour Maxime, Christine et moi, pour tant d'autres aussi, le monde ne sera plus le même.

C'est dans un bistrot que j'ai rencontré Jeanne, ça sentait le café et la cigarette. Au coin de ma rue, on ne fume plus, mais le parfum des fées est indélébile, ses volutes y glissent « des bagues à chaque doigt, des tas de bracelets autour des poignets », Jules et Jim fument en terrasse.

Un regard me pourchasse aux tréfonds des entrailles ; ses cheveux détachés recouvrent ses épaules à demi nues ; la tête posée sur la paume d'une main, elle fume. Un léger brouillard de cigarette fait écran, les images en noir et blanc y défilent : une main remonte le drap sur les corps en sueur des amants, la jolie môme en gâpette et pantalon de Charlot entraîne Jules et Jim dans le tourbillon de la vie, son sourire dévore l'écran de ma cinémathèque. Elle est là, émouvante comme une première fois, inhumaine comme une légende. Jeanne Moreau est devant moi. Elle voulait me voir. Tête baissée, je veux parler, mes mots blanchissent, elle le sent.

— Jacques…

Sa voix m'enveloppe de sa cape noire et m'estoque en plein cœur. Les secondes s'ouvrent et les souvenirs s'y déploient.

Matamore nocturne avec mes amis du Conservatoire, au bout d'un bar et de la nuit, je rencontre Pierre-Henri Deleau, organisateur du premier festival cinématographique de Paris ; la soirée inaugurale sera un hommage à Jeanne Moreau, il cherche un metteur en scène.

Les whiskies en viatique, j'affirme que je suis l'homme de la situation, péremptoire, j'improvise :

— C'est une fête sans nostalgie, jeune et joyeuse qu'il nous faut... Convoquons la nouvelle génération du cinéma français, nous célébrerons la fée des rêves, la reine ensorceleuse du septième art !

Le lyrisme imbibé des couche-tard emporte tout sur son passage. Au petit jour, à notre table du Sherwood, repaire des habitués de l'aube, la décision est prise. La semaine qui suit, j'organise la manifestation : pour ouvrir la soirée, on évoquera Musidora, première vamp du cinéma mondial, Philippe Léotard, le clown blanc, et Gérard Depardieu, Monsieur Loyal, présenteront la cérémonie, les films les plus prestigieux de Jeanne seront évoqués ; Nathalie Baye, Bulle Ogier, Brigitte Fossey, Anicée Alvina accompagnées de Balmer, Huster, Chesnais, joueront les scènes anthologiques. Anna Prucnal et Murray Head interpréteront les chansons les plus fameuses. Jeanne clôturera la soirée en chantant *Le Tourbillon de la vie.*

— Faites vraiment ce que vous sentez et désirez, c'est ainsi qu'on fait de belles choses, me dit Jeanne au téléphone.

Sa voix m'envoûte, ses mots me couvent. Joyeux et fier, je fonce de plus belle.

Les répétitions commencent à l'Empire Wagram où Jacques Martin chaque dimanche fait chanter les petits enfants. Rosa Fumetto, danseuse volcanique du Crazy Horse, sera Musidora. Perchée à neuf mètres, des cintres elle glissera le long d'une corde pour atterrir sur scène où elle esquissera quelques entrechats lascifs.

Musidora, iconique femme fatale et vampire, ne sait pas encore que le grand soir, elle se videra de son propre sang.

La prise d'antenne est prévue à 20 h 30. Dans sa combinaison moulante de soie noire, la bouillante muse du Crazy n'est plus très chaude pour aller se mettre en place dans les cintres.

Sans coup férir, un pompier affriolé lui assène pour la rassurer :

— C'est exactement comme le saut en parachute, c'est la deuxième fois qu'on meurt de trouille.

Elle avait répété une fois, tout s'était très bien passé… donc le compte y est.

La voluptueuse se ratatine de peur devant sa table de maquillage, la salle se remplit, pingouins et robes du soir bruissent dans les retours. Dans les loges, rien ne bouge, Rosa est sourde aux multiples remontrances des assistants. Le ministre de la Culture, Jean-Philippe Lecat, se présente au plateau ; le rouge est mis. Il attaque son allocution et conclut :

— Je déclare le premier festival cinématographique de Paris ouvert…

Derrière lui, le rideau doit se lever… Rien. La salle attend, rien ne se passe. Rosa ne veut pas sortir de sa loge. Régisseurs, hauts responsables de télévision, jusqu'au directeur, chacun hurle en vain. Pierre-Henri Deleau pleure de rage. La salle remue et toussote. On demande à un pompier d'enfoncer la porte. La vedette du muet vocifère en italien. On la sort et on l'arrime de force à la corde. Neuf mètres plus bas, c'est la colère et la panique. Il faut ouvrir le rideau et c'est à moi d'en décider. Le ministre s'enlise et répète plusieurs fois :

— La soirée… va commencer… ne va pas tarder… à commencer.

La salle rit. En haut, plus livide qu'un vrai vampire, Musidora raide comme un horse-guard devant Buckingham Palace se lance. Le spectacle le plus catastrophique de la décennie commence. Depardieu prend l'accent arabe et danse le sirtaki ; Léotard en clown plein comme une outre ânonne un très touchant télégramme de Jean Renoir envoyé des États-Unis. Le micro HF crachote et couine dans le décolleté XVIIIe siècle de Mme de Merteuil interprétée par Brigitte Fossey.

À Orly, l'avion qui devait amener Balmer a du retard. Nathalie Baye, sa partenaire, est paniquée. On fait envoyer une ambulance sur la piste, l'ambulancier se trompe de porte… on court après Balmer dans tout l'aéroport. Pour l'attendre, Anna Prucnal, merveilleuse chanteuse expressionniste à l'accent slave, entonne *J'ai la mémoire qui flanche.* Sa version déconcerte, certains s'esclaffent, d'autres heureusement crient bravo. Balmer, à bout de souffle, joue avec Nathalie *Charlotte et son jules* de Jean-Luc Godard. Je tente de dérider le public avec un texte de Tom Stoppard… Un courant d'air glacial parvient de la salle.

Jeanne est en coulisses, impériale, elle sourit, s'installe sur le chariot du travelling qui la conduira sur scène. On lui tend un micro qu'elle écarte pour me dire en confidence, féroce et si tendre :

— Tout se passe bien !

À son entrée, la salle l'ovationne. À la fin, malgré tout, Jeanne triomphe.

Mes amis me rassurent, Rosa Fumetto m'en veut définitivement. Je suis black-listé à la télévision française. Michel Guy et ses invités me tournent le dos, j'évite les petits-fours et vais boire des verres avec les rescapés. Jeanne me rappelle le lendemain, elle est enchantée…

— Et vous savez, Jacques, mon ami Joe…

Je me tais.

— … Joseph Losey a vu l'émission et l'a beaucoup aimée…

Elle n'en dira pas plus. On dit que Joseph Losey buvait beaucoup… La sincérité reste l'élégance de la vérité. Je raccroche, les nerfs craquent, mais j'ai le cœur au chaud.

Des mois ont passé, le cauchemar s'est transformé en histoire drôle. Aujourd'hui, devant Jeanne Moreau, l'intimité du rendez-vous m'oppresse. Nous sommes dans le bureau, chez Florence Malraux où elle a posé ses bagages. Vorace et amusée, elle me propose le rôle d'un boucher dans son prochain film.

— Simone Signoret sera votre maman et Edith Clever votre femme.

Je reste coi. Edith Clever est une comédienne allemande prestigieuse, Simone Signoret n'est pas une actrice mais une légende.

Nous tournons dans le Rouergue, région de pâturages et de forêts, de bonnes tables et de pauvreté. Lorsque Simone Signoret ne tourne pas, elle nous écoute et nous regarde, attendant un partenaire pour le Scrabble. Simone est sans doute la seule femme de France à qui l'armée a prêté un téléphone de campagne pour pouvoir parler à son amoureux tous les jours.

— Allô, Montand…

Son regard s'embrume.

Le bal de campagne est lancé. Je dois danser avec Edith Clever, ma femme, puis avec Simone… ! Edith a le regard égaré et attentif, la distance des grandes actrices ; elle ignore que j'ai pour elle une grande admiration mais elle doit le sentir, je la regarde jouer et je m'en veux. Je ne suis qu'effroi et regret à l'idée de changer de cavalière à la prochaine prise. Simone m'accueille et nous dansons, son regard me transperce ; je ne suis plus qu'un glaçon qui cherche un triple whisky !

— Coupez ! C'était très bien, nous la refaisons… Gardez bien la gaieté, l'époque est insouciante, il fait beau, c'est joyeux !

La voix de Jeanne, toute de cuivre, de ténèbres et de soleil, me tombe sur les épaules. Simone m'observe, je baisse la tête.

— Dis donc, n'oublie pas que tu joues un boucher, ce n'est pas Louis Jourdan !

La sentence est tombée comme du billot la tête d'un condamné. Louis Jourdan, vedette internationale, était voué aux rôles de bellâtre frenchy dans les productions hollywoodiennes. Signoret me blesse mais vise juste. Auréolé de mon prix d'excellence au Conservatoire, entre les mains de ces trois vestales, j'étais condamné à abandonner les lauriers, à être l'entier de moi avec mes amis, Balmer, Huster, Spiesser, Quester. Ces trois femmes étaient tout à la fois, les sorcières de *Macbeth*, la grand-mère qui vous gronde, l'amante que l'on redoute, la mère qui vous enfante.

— Où dînez-vous ce soir, mes hommes ?

— Avec Simone, au resto de l'hôtel.

— Ah, vous dînez avec la vieille !

Les jours passent.

— Où dînez-vous ce soir ?

C'est Simone, cette fois, qui pose la question.

— On va dîner avec Jeanne…

— Ah ! Vous dînez avec la mise en scène, vous faites de la lèche !

En fin de journée apparaissait la rivalité tantôt jouée tantôt mesquine de monstres qui s'agacent de leur admiration mutuelle.

Dans le bureau, face au regard de Jeanne, mes secondes s'étirent dans le souvenir. Jeanne me demande des nouvelles de Rosa, la jolie danseuse. Nulle ironie, juste cette curiosité jamais intrusive des belles choses de l'amour.

— Elle est retournée en Italie.

— Il faut aller la rejoindre, c'est magnifique, l'Italie !

Tout chez Jeanne serre le cœur sans l'étouffer, impertinente élégance, elle observe les étranges animaux que nous serons toujours. Un chat vient nous rejoindre sur le bureau, indifférent et calme, il me dévisage ; son corps massif et rond frôle à peine les papiers sur lesquels il se pose.

— Vous aimez les chats ? Celui-ci est à mon amie Florence. Vous verrez, Jacques, les chats se couchent souvent sur les papiers où vous êtes en train d'écrire... Florence m'a raconté que son père André Malraux, lorsqu'il écrivait, contournait le chat pour ne pas le déranger.

Elle me montre des brouillons prestigieux où les mots sont couchés à l'ombre d'un petit félin. C'est un prédateur de petits animaux mais lorsque je tente de développer mes pensées brouillonnes, il épargne les oiseaux et chasse les vilains rats de ma conscience. Nous nous quittons, elle m'embrasse, me prend les joues de ses mains chaudes pleines de bonté. Je suis adoubé.

Plus tard, Christine et moi avons recueilli un bébé chat abandonné et lui avons donné le nom de Malraux. À l'heure des croquettes ou celle studieuse du bureau, il devient le fantôme du grand homme.

J'entends encore la pluie, la musique de la Garde républicaine et le bruit de foule ce 19 décembre 1964 ; de Gaulle écoute seul, détaché du premier rang, le vent souffle, André Malraux replace sa mèche, réajuste ses lunettes et, d'une main, empêche ses papiers de s'envoler. La forme d'un chat y est-elle ? Malraux se bat contre les mots qu'il arrache de ses feuilles, les lève au ciel comme l'âme des martyrs :

— ... Entre avec le peuple né de l'ombre...

L'hommage à Jean Moulin, héros de la Résistance, creuse un ciel d'orage, trouve le grand soleil des hommes de liberté.

Le chat Malraux vit en bonne compagnie avec mon chien Spartacus. Descendant vénéré des dieux égyptiens, un chat méprise un chien et s'en amuse. Quant à nous, il nous aime à ses heures et sort ses griffes contre tout câlin intempestif, compagnon de personne, empereur des ombres, il règne sur le mystère des foyers et n'est fidèle qu'à ses secrets. Le chat Malraux est musicien la nuit, à l'heure où la fée des rêves vient nous rendre visite, lorsque le piano est resté ouvert. Il sélectionne, méthodique et appliqué, quelques notes qu'il laisse s'envoler, mélomane et parfois virtuose, il crée des accords. La nuit s'enchante et « Jean-Sébastien chat » accompagne nos songes. Spartacus, lui, dort au pied du lit ; c'est son privilège. Plus affectueux et domestique qu'artiste indépendant, il jalouse le chat qui lui se gausse de la servilité bonhomme de son compagnon quadrupède. « Les chats n'aiment pas les chiens » n'est qu'une généralité de plus.

Malraux s'amuse de Spartacus… Si le chien monte sur la terrasse, maître chat s'installe de tout son long dans l'escalier étroit qui y mène. Spartacus (qui décidément porte mal son nom), fataliste, n'ose pas le déranger. Si un pouf est confortable, il est disputé comme les Malouines entre Thatcher et les Argentins. Spartacus est l'occupant, Malraux le belligérant ruse, lui fait des ronds de jambe, l'invite à jouer avec lui. Mon bon chien descend de son pouf, guilleret, Malraux envahit le territoire et trône en majesté. Spartacus, honteux et confus, jura mais un peu tard qu'on ne l'y prendrait plus.

Le chat Malraux aime qu'on le respecte et devine ceux qui ne l'aiment pas.

En vacances bretonnes, nos deux compères sont du voyage. Des amis nous ont rejoints, hélas l'un d'eux a emmené sa femme qui n'aime pas les chats…

— Mais alors je n'aime pas du tout les animaux, surtout les chats !

La dondon a défait sa valise, disposé soigneusement ses affaires sur son lit. Elle part dans sa tenue spéciale, bottes chics et ciré choc, voir la mer. Elle revient une heure plus tard et déjà trouve cette région vraiment très belle. Elle monte se changer pour le dîner. Y a-t-il un cadavre dans le placard ? Des cris stridents parviennent de la chambre, nous montons, peu téméraires, courageux malgré tout. C'est un carnage, le grand remplacement vu par le chat Malraux, car c'est lui le coupable !

— Ah, ces bêtes, je les déteste... pleurniche la rombière.

Ses vêtements, qu'elle avait soigneusement répartis sur le lit, sont ramassés en boule avec un trou au milieu ! Nouveaux hurlements ! Malraux, vengeur diabolique, y a fait ses besoins : ses crottes trônent au centre du trou. Le séjour est gâché pour Bobonne : rien à faire, elle déteste les animaux.

Malraux déteste la sottise et Spartacus la méchanceté.

Le chat Malraux a vieilli, jamais apprivoisé, toujours aimant et fidèle. Il n'était plus bien, ne s'amusait plus de son brave copain le chien. Parfois, lui si discret, geignait, il avait mal.

— J'ai refermé il n'y avait rien à faire, nous dit le vétérinaire.

C'était un cancer, un crabe comme on dit chez les hommes. C'est la vie, c'est normal et parfaitement injuste.

Un demi-dieu de l'Égypte ancienne, un prince des voyous, libre dans sa pensée autant que dans ses actes nous a quittés. Paulette et Denise, deux chattes plus mémères qu'espiègles, l'une maigrelette, l'autre grassouillette, nous accompagnent désormais. Parfois, elles se séparent pour s'asseoir sur mes brouillons, Denise est trop imposante, je ne peux pas écrire, juste la place pour saluer le chat Malraux et lui dire adieu.

Ma tasse à café est vide, elle est blanche. Celles que nous avions offertes un soir de réveillon à Auteuil chez des amis, des grands monstres, étaient vert bouteille à liseré doré. C'étaient Yves et Simone. Les légendes du siècle d'or du cinéma sont là près de moi au pied du sapin, parfois je crois au père Noël.

Une jeune femme au « casque d'or » regarde par la fenêtre son amoureux partir pour la guillotine, l'amour et la mort éclairent ses yeux. Un demi-siècle plus tard, la même femme dont les frêles jambes portent un corps usé au bout de la rue de l'Armée des ombres brave sa propre mort.

C'est les yeux dans les yeux que Simone affronte la vie, la mort, la passion, le combat, l'amour et la désillusion, c'est presque aveugle que Mme Signoret nous a quittés.

J'entends encore sa musique bien à elle, pudique sourdine d'un son rauque et lointain, le ton gris ou enfantin des petits coins de la vie, la timidité de la grandeur. Elle l'appelait Montand et lui Simone, leur amour naquit au grand soleil de Provence à La Colombe d'or, un hôtel tout de pierres chaudes, de vasques fleuries, de fraîcheur à l'ombre des figuiers et des kumquats. Naguère on y dansait, les artistes y étaient les bienvenus, bien vite la bande de Prévert s'y retrouve, Picasso, Tinguely, Miró, Braque, Calder font table d'hôte. Entre des orangers, Léger grave une fresque géante. Braque laisse une mosaïque bleue où vole une colombe au bord de la piscine. Dans les musées, les chefs-d'œuvre paraissent déclamés, ici ils sont en liberté, se posent près de vous comme l'apollon ou l'aurore sur les pervenches, comme Simone, Romy, Jeanne se posent sur nos âmes. C'était un soir d'été, au France Bar, zinc bien parisien où les élèves du Conservatoire avaient leurs habitudes. J'étais là en ancien avec Villeret, Baye, Balmer, nous blablations sur le Tour de France, la quatrième victoire d'Eddy Merckx, nos futures carrières, le Festival de Cannes et le scandale du Watergate lorsque Maryse, la patronne, me prévient qu'on me demande au téléphone.

— Pour qu'on m'appelle ici, c'est qu'il y a urgence.

— C'est l'international, me précise Maryse, très impressionnée.

— Allô, allô, bonjour, c'est Jacques Perrin, seriez-vous prêt à partir demain pour Santiago du Chili ? Costa-Gavras voudrait que vous jouiez le ravisseur révolutionnaire d'Yves Montand dans son film *État de siège*.

C'est brutal, deux mois avant j'avais rencontré Costa, il m'avait parlé de son film, des tupamaros, militants révolutionnaires en Argentine du temps de la junte militaire. Je lui demande pourquoi il pense à moi.

— Je vous ai vu dans *Faustine et le bel été*.

Intimidé donc péremptoire, je réponds :

— Je n'aime pas ce film à l'eau de rose !

— Ne dites jamais du mal de ce que vous avez fait, c'est grâce à ce film que je souhaite travailler avec vous.

Après l'Argentine plate et géométrique, l'avion frôle les cimes de la cordillère des Andes, lustre de cristal accroché au toit de la terre. Derrière : Santiago du Chili, le Pacifique, Valparaiso, le val du paradis, le port des cap-horniers et puis mon hôtel, Yves Montand dans le hall. C'est le César de *César et Rosalie* ; il fait le rigolo, l'élégance plaquée de matamore craque à chaque instant, tendre et généreux, on dirait qu'il en a peur. Le génie de Sautet, le sourire de Romy l'ont saisi à jamais. Monstres, hommes et dieux sont mal à l'aise chacun à leur façon.

— Tu sais, fils, tu as le beau rôle… c'est comme Zorro ! Eh oui, tu es encagoulé tout le temps pour ne pas être reconnu, mais quand tu l'enlèves… avec la gueule que tu as, ça va faire tilt.

Montand veut me mettre à l'aise avec une gentillesse gouailleuse façon rital, il a la vraie générosité et le réel égoïsme, le vertige égocentrique des grands acteurs populaires.

Le Chili vit les premiers mois révolutionnaires de Salvador Allende. Des manifestations spontanées se forment sous la fenêtre du palais présidentiel et de notre hôtel qui lui fait face. Allende paraît à la fenêtre, remercie la foule ; des drapeaux s'agitent, des jeunes filles jettent des fleurs, le peuple chante et danse, des culs-de-jatte appuyés sur des fers à repasser improvisent une percussion. À deux pas, à l'hôtel Sheraton où nous logeons, la CIA prépare le coup d'État qui mettra fin à la fête et tuera le nouveau président. Le diplomate des « petits pas », Henry Kissinger, a mis la main à la pâte, il recevra le prix Nobel de la paix, Pinochet le félicitera.

De retour à Paris après le tournage, nous apprenons la disparition de la plupart de nos amis restés là-bas. L'océan Pacifique est une tombe pour la plupart d'entre eux. Costa, Jorge Semprun, Franco Solinas, Hugo Santiago – un des rares rescapés –, Simone aussi bien sûr demandent à Montand de remonter sur scène et de chanter pour le Chili. L'Olympia est vide, Montand répète, Simone seule à un rang d'orchestre, écoute, retire ses grosses lunettes, s'essuie les yeux. Bob Castella, le pianiste, insiste sur une note, rappelant à Montand la justesse et le tempo.

— Tu m'emmerdes, Bobby ! s'agace Montand.

Bob, opiniâtre, reste le nez dans son piano.

La soirée de bienfaisance a lieu, c'est bouleversant et triomphal. Signoret me saisit le bras :

— Alors, il est bien, Montand !?

Son regard est celui de la plus belle femme des années quarante, couleur du temps, couleur de lune et de soleil, les rides s'effacent, son visage d'orage s'éclaircit.

C'est une grande amoureuse pleine de terreurs enfantines. Catherine, sa fille, et son mari Maurice sont nos amis ; ils nous invitent le soir du jour de l'An à Auteuil, résidence mythique du couple Signoret-Montand. Ma femme et moi sommes touchés mais intimidés. La maison est longue, belle et blanche ; dans la nuit hivernale se devine un vaste parc, une terrasse, une piscine, tout semble ordonné, quiétude et simplicité. Nous entrons par la cuisine, une longue table est dressée, Simone brode devant une bière sans alcool. Je compte les couverts : nous serons les seuls invités. Quelques mots s'échangent, réservés d'un côté, traqueurs de l'autre. Montand fait son entrée, sent le malaise et tout naturellement fait le rigolo. Simone veut parler de son livre *La nostalgie n'est plus ce qu'elle était*, Montand de son retour imminent sur scène.

— Mais Simone, tu ne vas pas nous rabâcher tes vieux souvenirs !

Elle lève le regard tout comme au cinéma, sans un mot, hautaine et triste.

Montand veut nous démontrer pourquoi il lèvera moins haut la jambe que d'habitude.

— Trop haut. Tu comprends, Jacques, à nos âges il ne faut pas jouer les jeunes.

Je n'ai pas rêvé, il s'adresse à moi ; j'ai trente ans et lui bientôt soixante ! Simone, cette fois, n'adresse même pas un demi-regard.

— Montand, tu ne vas pas nous faire tout ton show !

Montand me regarde, l'air faussement vaincu, me voulant son complice, puis sans conviction, demande enfin à son gendre s'il va bien. Le dîner passe, légendaire et banal, beau et simple, tendre et glacé, un peu moche et compliqué. Nous passons au salon. Simone s'installe dans son fauteuil, lentement reprend sa broderie. Tout à son ouvrage, elle plante son regard bleu gris sur ma femme comme la lame en plein front.

— Et vous, mademoiselle, qu'est-ce que vous faites dans la vie ?

— De la reliure et des décors de livres.

Notre grand-mère nationale se détend, sourit, sa bonté revient tout entière. Elle craignait que Christine ne soit une comédienne débutante attendant quelque chose de cette rencontre. Elle est rassurée.

La conversation enfin va bon train, nous écoutons Simone, la Résistance, le Vietnam, Hollywood, Jean Gabin – un vrai monsieur –, Delon qu'il faut engueuler de temps en temps mais qu'elle aime bien... Elle lisse et conclut ses phrases comme on s'applique à plier une serviette. Son bon génie s'évertue scrupuleusement à être juste et vrai.

Les essais pour *Jean de Florette* ont lieu dans la maison d'Auteuil. L'équipe est au bord de la piscine. Montand porte une fausse moustache, Coluche une perruque à cheveux raides et moi une bosse dans le dos. Claude Berry s'affaire, Bruno Nuytten éclaire, Signoret est là, un plaid sur les genoux, de grosses lunettes cachent son regard qui ne voit presque plus. Je vais m'asseoir à ses côtés. Elle se penche vers moi...

— C'est un beau rôle pour Montand.

C'était la dernière fois que je la voyais : une reine sans divertissement, exilée de son art.

Les mamans viennent de déposer leurs bambins à l'école et prennent un café. Fin des culottes courtes, premiers pantalons, première année de lycée, premier cours municipal d'art dramatique. Mon premier et dernier, mon maître de toujours, François Florent.

C'était Carnot, un lycée de garçons, des cours privés de jeunes filles tout près, le parc Monceau pas loin où des mamans et leurs bambins nourrissaient les moineaux et les pigeons. Dans les cafés alentour, sur les trottoirs, on préférait les cigarettes américaines à la Gauloise, on taffait des Benson, les volutes de fumée avaient l'odeur des quartiers chics.

À 18 heures, après les heures de colle, le lycée désert sentait la poussière et l'abandon. Seules quelques classes accueillaient le conservatoire municipal du 17e arrondissement. On y étudiait la danse, la musique et l'art dramatique pour trente-sept francs de cotisation annuelle et, c'était considérable, les cours étaient mixtes. Un soir, j'entrai dans la classe où la journée je prenais mes cours de français, pour ma première leçon d'art dramatique ; ça sentait la craie, l'encre et le bois. S'y mêlaient l'air tiède, les suées de la journée. L'estrade servait de scène ; chacun prenait sa place comme au théâtre (je me faufilai, traqueur, entre filles et garçons). Au fond de la salle, un homme jeune, mine hautaine et sourire solennel, gestes et intonations arrondis, était installé, sûr de son importance. Faconde légère, en veste à boutons dorés et cravate à motifs très voyants : c'était François Florent ; il avait vingt-quatre ans, j'en avais quinze. Je me présentai :

— Bonjour monsieur, j'ai vu une affichette aux Ambassadeurs qui parlait de votre cours...

— Tu me raconteras ta vie plus tard, assieds-toi, regarde, écoute.

Ventre serré, je me sentais naufragé sur une île inconnue. Parents, curés, professeurs se dissolvaient comme les côtes d'un continent que l'on quitte. La classe était le nouvel écrin de mes rêves, là où j'inventerais ma vie. Des jeunes filles attentives, jolies, forcément jolies, des garçons de mon âge, des adolescents moches, forcément moches, écoutaient attentifs les mots précieux d'un autre siècle ; pourtant, chaque scène jouée dans la classe étroite arpentait l'infini, ricochait sur les secrets, les tourments, les joies et les peines de chacun. Émigré de mon enfance injuste et macrophage, à mes yeux, je me sentais chez moi. Plus de famille mais, assis en fond de salle, un maître. Florent écoutait, le menton à peine relevé, le buste rejeté en arrière qui cherche à préserver la bonne distance, l'œil fixé sur un horizon pour lui seul, le sourire de pierre, clos et muet, des statues antiques. Des élèves passaient leur scène ; subjugué mais insatisfait, je maugrée, hausse les épaules, gigote sur ma chaise, mime la scène étudiée, serre le poing pour la colère et joins les mains pour l'amour.

— Ton tour viendra ! dit Florent haut et clair comme pour exaucer mon désir d'être regardé.

Le cours entier se tourne vers moi, Florent, impénétrable, critique la première scène de l'acte I du *Misanthrope* :

— « Qu'est-ce donc, qu'avez-vous ? – Laissez-moi, je vous prie. » Tiens-t'en au texte, le texte rien que le texte, il n'a pas besoin de ta sauce… On te pose une question, tu réponds. « Je vous prie » est une indication… l'incitation au respect, le respect de tout, du tout, tout commence par là… « Je vous prie de m'écouter », c'est aussi ça le commencement du théâtre.

Nulle théorie, Florent avance la pensée haute, nous écoute quand on se tait. La salle est troublée, nous pressentons que nous ne comprendrons que beaucoup plus tard. Une jeune fille embarrassée, la peau très abîmée, le sourire triste, se présente.

— Qu'est-ce que tu as préparé ?

— Camille dans *On ne badine pas avec l'amour.*

— Bien, allons-y !

— Bonjour, cousin, j'ai cru m'apercevoir à tort ou à raison… je vous ai refusé un baiser… le voilà… maintenant…

— Tu oublies quelque chose !

— Non, non, c'est le texte…

— Mais tu ne l'as pas embrassé !

Des élèves rient.

— Il faut que tu ailles voir un dermatologue, l'acné se soigne très bien désormais.

Silence gêné dans la salle…

— Tu t'entends bien avec tes frères ? (La jeune fille retient ses larmes.) Soigne-toi et ça ira mieux…

Tu peux, donc tu dois être belle… Pense ce que tu dis : « Bonjour, cousin », ce n'est pas pardon, cousin, c'est franc, ça sent le plein air, allez ! Ne joue pas en te regardant dans une glace !

Son partenaire opine en riant…

— Toi, tu as des kilos à perdre ! le reprend Florent. Fais du sport au lieu d'en parler sans arrêt !

La scène reprend, deux adolescents s'y noient comme Musset dans l'absinthe, la vie s'invite, la langue ne sent plus le classique Larousse mais pleurniche à tout va ; Florent reprend la barre…

— Ton émotion, laisse-la derrière les yeux, articule ton texte, nous ne sommes pas au cinéma. (Il s'interrompt.) Quoique… écoutez Gabin, Blier, Danielle Darrieux, la diction est engagée et précise. Toi aussi, Perdican, pas de coton dans la culotte, de mains dans les poches et de chewing-gum entre les mots ! Lisez les mémoires de Talma : « Il faut travailler pour l'imbécile, l'aveugle et le sourd de chaque salle. »

Le cours s'achève.

— Alors, tu reviens jeudi à 18 heures ?

— Oui je veux bien, je connais Cyrano, la tirade des nez…

— Aucun intérêt, apprends-moi Pyrrhus dans *Andromaque*, la première tirade. Allez, et lis la pièce, je suis sûr que tu n'as jamais lu Racine !

— Mais j'ai joué du Molière au patronage.

— Tout le monde a joué au patronage… Racine c'est tout autre chose, ça ne traîne pas n'importe où !

À Carnot, les années passèrent… On ne voyait les baskets qu'en cours de gymnastique, les chaussures étaient en cuir et bien cirées ; Jacques Anquetil battait une fois encore Raymond Poulidor. Nous en parlions souvent avec Francis Huster, premier élève mythique de chez Florent ; c'était mon ami. Il couvrait des cahiers entiers de prédictions sur nos futures « illustres carrières » et du récit romanesque de nos exploits amoureux et sportifs. Souvent, il me décrivait comme son Poulidor, moi qui étais sûr d'être son Anquetil. De Gaulle se prenait pour la France, la France bombait le torse et se dotait de l'arme nucléaire ; l'avion supersonique Concorde reliait Paris à New York pour la première fois, le Général reconnaissait la Chine populaire de Mao et notre grand-père à deux étoiles, les bras écartés comme le V de la Victoire hurlait « Vive le Québec libre ! » aux Canadiens qui n'avaient rien demandé. Il y avait les gaulliens et les gaullistes, l'Ouest et l'Est, l'Amérique et les Rouges. La guerre froide, après la grande frousse de Cuba, était plus discrète ; en France, Johnny n'avait plus la cote, la Beatlemania faisait rage. À Cannes, Catherine Deneuve chantait pour demander un plein d'essence et *Les Parapluies de Cherbourg* recevait la Palme d'or.

Maintenant, le cours municipal n'existait plus ; Florent devenait un cours privé, rue des Saules, en bas d'un escalier de Montmartre. « La grenouille devient le bœuf », le succès excitait les mauvaises langues, attirait aussi. Les gentilles petites vedettes comme le chantait Charles Trenet. Maxime Le Forestier se frottait au contrôleur des poids et mesures dans *Intermezzo* de Giraudoux, des médaillés olympiques, des présentatrices de la télévision s'attelaient à Claudel ou Guitry, découvraient Marcel Achard, Feydeau ou Marivaux. Un soir, une adolescente se présente devant Florent, « Sans ornement, dans le simple appareil d'une beauté qu'on vient d'arracher au sommeil », l'ovale de son visage évoque Botticelli, ses yeux comme de hautes vagues bleues submergent le front des apparences, nul n'y échappe, ils exigent et pardonnent ; maladroite, encore adolescente, « mal foutue », jugent certains... Plus que tout autre elle a la grâce, ce mot géant qui se pose entre Dieu et nous. Elle murmure son nom :

— Je m'appelle Isabelle Adjani.

Le Cours Florent devient une institution, une entreprise tentaculaire, François écoute de plus en plus, de mieux en mieux, ouvre grand les portes, arrache les ornières, ouvre les cœurs, les esprits, les braguettes, « Artisan d'un rôle et de sa vie, artiste on verra plus tard ! » Ses mots sont précis et ciselés comme une partition de Scarlatti, parfois amples et théâtraux à la manière de Verdi ou parfois comme les fanfaronnades d'un orchestre municipal, lui si souvent au cœur du cœur, wagnérien tempétueux et philosophe, il est le maître incontesté de l'obscur, accoucheur de plusieurs générations, il sait qu'à l'éblouissement succède le noir absolu. Longtemps j'ai oublié le Cours Florent, ses foules, ses modes, son commerce aussi ; pourtant, le grand foutoir de la curiosité et du partage sans partage constitue un territoire d'Amazonie avec sa forme sauvage et raffinée, ses diamants bruts, ses fleurs multicolores.

Chacun de mes nouveaux rôles était l'occasion d'une rencontre et d'une mise au point, le trac était au rendez-vous, j'étais à nouveau le gamin du lycée Carnot. Le maître attendait à la sortie, le menton toujours haut, les lunettes tenues par leur chaîne posée sur sa poitrine ; la phrase était déjà polie et troussée, prête à être servie après une brève embrassade. Mon cœur faisait boum, heureux et craintif d'être découvert ; la sensation étrange de passer une IRM à la terrasse d'un café.

— Problèmes respiratoires, la voix un peu en arrière… tu devrais consulter, prendre des cours de chant… Un peu lent sur le drame… Rappelle-toi ce que disait ton maître Pierre Brasseur : quand on a de l'autorité, qu'on est puissant, il faut jouer léger ! Joue léger, ta voix retrouvera sa place.

Chaque fois, l'examen clinique était complet, toujours limpide, j'avais pourtant la douce sensation d'être aimé avec distinction.

En 2013, je jouais au Théâtre Montparnasse, la mise en scène était totalement ratée. Malheureux, je buvais beaucoup, je savais que j'étais mauvais… François vint. Il m'attendait appuyé sur sa canne sans rien perdre de sa superbe, la tête haute, visiblement affecté. J'allais vers lui, sachant déjà…

— Jacques, je ne te dis rien ce soir, je t'écris.

Cette lettre fut attendue, désirée, redoutée. Elle changea, je le crois, résolument la perception de mon métier ; elle préludait au troisième temps de mon existence, j'avais soixante-trois ans.

Jacques, c'est un mauvais travail… Je te préférais cabot, excessif, maladroit comme tu l'étais à tes débuts… tu as la diction et l'esprit pâteux… l'alcool réussit à certains, du moins le croient-ils, mais pas à toi… tu dois te reprendre, tu n'es pas digne des premiers rôles dont tu as la responsabilité…

Il avait raison, ce fut une douche, un électrochoc pour éléphant.

Je suis parti en désintoxication, plus jamais je n'ai bu avant d'entrer en scène. Florent, jusqu'à ses derniers jours, m'accompagna. Un rituel nous réunissait une fois par mois dans les meilleurs restaurants parisiens. Lui et moi restions des enfants ravis, toujours étonnés d'une respectabilité acquise au fil des ans. Nous partagions la même maladie : des globules blancs patraques tissaient fermement un lien fraternel. Le maître et l'élève avaient peur ensemble comme deux enfants perdus dans la forêt, deux vieux de quartier assis sur un banc public. Le commentaire de nos analyses respectives était bref et le décompte des hématies nous permettait de jouer les savants. François organisait toujours les conversations, repoussant d'un geste de main, parfois d'une phrase suspendue (« Ça, c'est encore autre chose, tu comprends ? »), ce qui lui semblait sans intérêt ou peut-être complexe et donc ennuyeux dans l'art de la conversation.

Les dernières années furent les plus intenses. J'acceptais qu'il fût le père de Théâtre qu'il n'avait jamais cessé d'être.

Sa relation avec nous, ses amis, ses élèves, était épistolaire le plus souvent. WhatsApp était son courrier de dépêches favori. Le poison de l'effroi imbibait de longues missives désenchantées. *Je ne sais comment le film se montera… combien de plans il reste avant le mot fin… Je t'aime et t'embrasse avec des forces décuplées.*

En écoutant, comme tous les jours, une retransmission d'opéra, il sentait l'horizon se durcir, ne plus reculer à mesure que l'on avance. L'aube devenait incertaine. Tous les soirs, il contemplait l'or des crépuscules de l'Asie ; un grand soleil rouge s'y posait comme le point final d'une longue histoire. Pourtant, la crise de la Covid passée, il est rentré en France pour retrouver une dernière fois le territoire de sa langue, la grande cour de récré de tous ces gamins qu'il avait formés, et fermer les yeux.

Je l'ai salué dans la chambre mortuaire au bout d'une impasse de l'hôpital Necker, un crucifix pendait au mur, des fleurs en plastique y étaient accrochées ; il était impérial, apaisé. Ce matin-là, l'atmosphère était douce, ineffable, sans dieu ni maître, comme si l'âme du monde nous enveloppait ; il n'y avait ni vivant ni mort, mais dans l'obscur éclat du silence, des souvenirs partagés. Je repensais au dernier conseil qu'il m'avait prodigué pour *Le Roi Lear* : « Concret, direct et clair, l'alignement des mots, *esercizi* surtout ne pas tricher, ne pas vagabonder… Scarlatti franc et déterminé, la dernière ligne droite de la vie. Va, cours, vole et me venge… À toujours. »

Je lui ai parlé à voix basse, sous ses yeux clos j'étais sûr que les forces de l'esprit restaient attentives : « Je vous aime si fort. » Je lui ai dit merci pour nous tous et pour moi.

La grand-mère de l'humanité habite le Jardin des plantes. Adulée par la race des hommes, elle reste captive à jamais. Sous le front noir comme l'orage, des millénaires nous contemplent.

Il était tôt, il faisait frais, le ciel était bas et gris, on entendait même les oiseaux ; de rares motards brutaux soulevaient le silence comme de la fonte. Quelques voitures esseulées ronronnaient au feu rouge et, derrière ses grilles grandement ouvertes, le Jardin des plantes n'était pas envahi. Les pelouses peu fleuries et rectilignes dormaient sous la lumière pâle du petit matin. Le sieur Buffon vert sombre se prélassait sur deux lions de bronze, attendant sans impatience les contemplateurs des siècles futurs. Paris parfois se lève tard, il faut en profiter, nous avions rendez-vous avec Sabrina. Depuis des années, elle marchait et veillait des journées entières pour aller à la rencontre des grands singes, se taisait pour les écouter, souriait pour les regarder, se posait, le dos tourné au ciel, yeux dans les yeux de nos aînés. Vétérinaire et primatologue menue comme un faon, elle court aussi le marathon ; au point de ravitaillement, des mains humaines lui tendent un bidon, l'acide raidit ses muscles, tenace, sa tête prend le relais, elle se souvient des heures de cheminement balisé par les crottes des chimpanzés pour apercevoir l'un d'eux, épouiller de ses longues mains délicates les larges feuilles d'un fucus. Aujourd'hui, elle nous emmène voir Nénette. Une grand-mère punk aux cheveux orange qui depuis plus de quarante ans vit au Jardin des plantes. D'humeur changeante, elle boude maints rendez-vous, supporte assez mal les paparazzis qui la mitraillent, les mioches qui lui font des grimaces à travers la vitre. Pourtant, volontiers cabotine, elle pose, exécute quelques facéties dont les visiteurs raffolent. Philosophe avec l'ironie du désespoir, elle s'assoit, observe et imite ces curieux animaux qui défilent devant sa vitre. Nénette s'ennuie beaucoup en captivité ; depuis 1972, son regard ne s'est pas éteint, il est triste. On dit qu'un jour, une femelle humaine devant elle se poudra et mit du rouge à lèvres, Nénette prit d'abord la pose du *Penseur* de Rodin, puis s'emparant d'une tige végétale, recopia scrupuleusement chaque geste et devint une Précieuse de Molière devant le « conseiller des grâces ».

Nénette est une vedette internationale, la Joconde velue du Jardin des plantes, la Jeanne Calment des orangs-outangs, doyenne de ses congénères, rôle principal de plusieurs documentaires et sujet adulé des portraitistes et photographes de la planète. Sabrina veut que nous puissions mieux regarder, partager peut-être, avec nos grands frères des siècles, si lointains et si proches. Grâce à elle, nous passons du côté vétérinaire, dans les coulisses de la singerie. La ménagerie n'est pas encore ouverte au public, nos pas crissent sur les chemins du zoo de Napoléon III. Les gaurs sont immobiles, leurs défenses portent le ciel à bout de cornes ; les tortues centenaires paraissent pousser les tonnes invisibles de l'air, des oiseaux rares nous regardent derrière leurs masques de sorciers vaudous : les grilles, barreaux et barrières coupent le monde en deux, nous voilà au mieux contemplateurs nostalgiques, au pire voyeurs d'un exotisme lointain. La beauté du monde est en cabane, nous en sommes les gardiens corrompus. Je pense à Flaubert : « Je suis le frère en Dieu de tout ce qui vit, de la girafe comme du crocodile, ma patrie c'est la terre ! » Des flamants roses s'abreuvent, gracieux, ils me font pourtant penser aux chapeaux de la reine d'Angleterre plantés sur une pique ; la panthère des neiges s'étire, me dévisage, le silence est noir et blanc, fauve et doux. L'enclos des grands singes est vide. Les vitres sont sales, le sol jonché de feuilles de salade, de racines, d'écorces et de paille ; à quelques grosses branches vieilles et nues s'accrochent des cordes comme celles d'un gymnase. Tout semble abandonné à la hâte, la scène porte les traces de la dernière représentation.

— Ils sont derrière nous, dit Sabrina, c'est l'heure des soins.

Les couloirs sont étroits, nettoyés à grandes eaux, à chaque cage des grilles sans vitre, de larges trappes pour faire passer la nourriture. Une maman singe nous regarde, une gueule de chef-d'œuvre des arts premiers, du basalte sculpté à la masse, des yeux enchâssés sous deux arches d'ébène. Du front haut et bombé retombe un cuir noir luisant aux infimes rides d'argent ; il envahit le faciès entier, enfonce le nez au passage. Sa pelisse usée est celle d'un homme condamné aux oubliettes, un téton pend des plis resserrés de son sein. Son petit, posé sur sa tête, écrase sa chevelure rousse et clairsemée. Ils ont l'air très vieux comme les anciens des villages, prêts à nous conter la longue histoire de nos origines. La mère et l'enfant nous contemplent. Nous sommes des nouveaux visages, des odeurs inconnues. La star tourne le dos, assise sur un tonneau bleu. Intriguée, elle se rapproche, ses longs bras l'aident à se déplacer, son trône azur collé au cul. Elle est là, à portée de main, le corps affaissé ; sa tête mal peignée paraît posée sur ses genoux, la nuit des temps a un visage, son regard me guide au fin fond de l'humanité. Je ne suis plus qu'un homme derrière des barreaux sans force et sans voix. Les secondes et l'espace sont sans mesure ni frontière, je vois un dieu velu et rouquin, ancêtre captif des hommes, qu'on vénère en vitrine et qu'on condamne à l'ennui. Je vois la grand-mère de la terre. Je pense aux veuves de Verdun ou d'Hiroshima, taiseuses et résignées, qui tous les jours préparent le thé, achèvent une broderie et recousent la paix. Soudain, j'ai l'impression que Nénette porte les maux de sa descendance. Ses énormes doigts desserrent les barreaux, elle va chercher quelque chose au fond de la cage. Sabrina me fait signe de ne pas bouger, le temps se fige. Elle revient, un de ses longs bras s'agrippe à la grille, elle me dévisage, bonne, maman, humaine… Son énorme main s'ouvre devant moi : un morceau de brocoli est posé telle une pierre précieuse au creux de sa paume.

— Elle te fait une offrande, c'est rare, me chuchote Sabrina. Elle te dit qu'elle t'aime.

Je hoche la tête et psalmodie des mercis comme des mea culpa. Je me sens fautif de ne rien lui donner en échange. Rien ne lui échappe, ni mon émotion ni cette fraternité chaleureuse et inassouvie. Nous nous regardons une dernière fois, c'est la fin d'un amour intemporel, d'une brève rencontre avec ce que je fus. Plus rien ne sera comme avant, je crois aux secondes où tombe l'infini. Nous retournons du côté public ; Théodora, une autre maman orang-outang accompagnée de Java son petit, s'est précipitée derrière les vitres. Christine et Sabrina les photographient. Théodora prend la pose, tantôt solitaire, tantôt mère exemplaire, sa petite Java contre son sein. Elle aménage un lit de paille pour être mieux installée. La séance photo s'achève, Théodora frappe à la vitre, elle ne veut pas que cela cesse comme si, loin des visiteurs de la journée, il s'agissait ici et maintenant de ne pas rompre la grande conversation des regards et des postures entre le début et la fin d'une même espèce. Sabrina reprend son vélo et nous nous dirigeons vers la voiture, moi le poing fermé sur mon cadeau. Le Jardin des plantes a disparu, Notre-Dame apparaît, amputée mais toujours belle. La Seine coule près de la grande histoire.

Une araignée passe près du menu accroché au mur du bistrot. Je revois la mort de la mouche qu'elle avait décrite comme une courte tragédie avec sa phrase droite et nue… La Duras, Racine au féminin en gros pull-over en train de fumer au fond du café.

Une mouche est entrée dans la voiture. Petit insecte, elle fait le bruit d'une meute ; nos mains la chassent, enfants nous l'aurions peut-être écrasée. J'ouvre la fenêtre, elle s'échappe, nous nous arrêtons au feu rouge, pas elle. À la radio, tous les prétendants au trône de la Cinquième République nous content un monde nouveau, les chiffres et les promesses tombent comme une invasion de moustiques les jours de mousson, les glaciers fondent, l'Amazonie brûle, des chemises noires reconquièrent l'Europe, les policiers ont des gilets pare-balles et des Flash-Ball, les riches se gavent, les pauvres en bavent. Le sang de la Syrie est oublié, le port de Beyrouth c'est du passé, un illuminé clame au nom de la France qu'il faut chasser les étrangers, la radio joueuse et primesautière court sur la fange du monde. Une mouche se pose sur la pyramide du Louvre. Je déposerai mon brocoli dans un écrin de verre. J'ai le ventre noué, le mot chialer est tout près des yeux. À la radio, Thomas Pesquet est interviewé :

— Quand on voit la Terre de loin, qu'est-ce qu'on se dit ?

Sans hésiter, il répond :

— On voit qu'il n'y a pas de frontières.

I

Les mots de Marguerite Duras comme ceux de Beckett trouent le silence, édifient son architecture. Derrière ses grosses lunettes, son regard tranchant comme un coup de stylet aime et se moque.

C'était le Palais d'Orsay, ce fut une gare puis un théâtre, enfin un musée. La petite danseuse de quatorze ans de Degas, le joueur de cartes de Cézanne, l'Olympia de Manet, sujets de chair et de pinceaux étreignent le miracle de la vie, la lumière compacte de l'air, celle prisonnière des corps. Comme les acteurs, c'est à heure fixe qu'ils se mettent en vie devant la queue triste des touristes et des malentendus ; la nuit, je jurerais qu'ils sont insomniaques devant les caméras de surveillance et l'œil torve d'un gardien qui s'ennuie. *L'Origine du monde* de Courbet est là, presque en retrait, masse de chair échouée, repue ou offerte, le mystère de l'existence est touffu, noiraud, luisant comme la tête de l'enfant qui dilate le vagin de la mère. Les cuisses abondantes écrasent le cadre, étouffent le regard, le contraignent à l'abandon. Sur une toile comme au théâtre ou devant la proue des bateaux, les secrets du monde se dérobent ou montent en vagues hautes.

C'est un président de la République qui aimait l'accordéon et l'économie qui, fait du prince, éjecta la Compagnie Renaud-Barrault des murs de la gare d'Orsay.

On l'appelait la petite Madeleine et Jean-Louis n'était pas grand, pourtant Madeleine Renaud et Jean-Louis Barrault, dissidents de la Comédie-Française et du théâtre bourgeois de l'après-guerre, étaient bel et bien des géants, un attelage de laboureurs et de rois du répertoire contemporain. L'un, chemise grande ouverte par tous les temps, exhibait son torse de vieux yogi noueux comme un cep de vigne. Elle, cachait son jeu en petite fille futée, on eût cru une petite dame donnant à heure fixe des graines aux pigeons. À petits pas, vers midi, ils traversaient la vaste cafétéria qui menait au plateau, aux coulisses, à l'administration, c'était le cœur exubérant du Théâtre d'Orsay. Le matin, les fantômes des nuits blanches traînaient entre les tables. Tous les soirs après la représentation, les nymphes, les muses et leurs faunes jusques aux dieux improvisaient les festoiements de la nuit. Emboucanés, quelques rares artistes incompris s'abreuvaient au bar, attendant leur tour aux latrines. Partout ailleurs, auteurs, acteurs, chanteurs, danseurs, philosophes et musiciens empoignaient les idées tout autant que la bouteille, refaisaient le monde à pleines mains, les neurones en sueur. Ivry Gitlis prenait son violon, Rostropovitch déchiffrait du Bach, une chanteuse chantait, Barrault draguait une jeune actrice, Madeleine faisait semblant de ne rien voir et s'engueulait avec Marguerite Duras, Bulle Ogier laissait son regard s'en aller loin sur le fil des nuages de fumée. Ça fumait, riait, gambergeait à toutes les tables, c'étaient les années soixante-dix, la liberté sentait la Gauloise et la Marlboro. L'heure de la fermeture n'existait pas, Gainsbourg prenait le panier à salade pour rentrer chez lui, on oubliait le dernier métro, les autobus à plate-forme sillonnaient Paris, les jets d'eau lavaient les trottoirs, emmerdaient les pigeons et arrosaient les amoureux des bancs publics, Dutronc chantonnait *Il est cinq heures, Paris s'éveille.*

Marguerite Duras se tient droite, le corps tassé dans un large pull, la tête est impériale ; ses lunettes, comme une couronne, protègent les secrets de l'Empire, un demi-sourire dans la brume bleue des Gitanes s'arrête aux lisières du mépris. Marguerite fume beaucoup, le visage posé sur la paume d'une main baguée d'argent. Sa cigarette est entre ses doigts, à chaque bouffée longue ou courte, un silence lourd s'enfonce dans la table, elle y repousse une miette de l'autre main distraite. Je ne suis pas loin, je la regarde, tente d'écouter ce grand fauve de la pensée, elle traque la sottise, cherche l'harmonie entre la clarté des mots et le flou du réel.

Quelques années plus tard, un de ses articles, « Le Coupeur d'eau », me saisit. D'un fait divers de dernière page, un « chien écrasé », la grande autrice écrit un texte nu comme Jean Racine, murmuré, un art de la sourdine où les mots soufflent sur les plaies, ou la phrase crie mais calme la douleur. Un couple ne peut plus payer ses notes, ni d'électricité ni d'eau, c'est l'été, un contrôleur coupe l'eau. La maman emmène son homme et ses deux enfants sur les rails du chemin de fer, attend le passage du TGV. La mâchoire du récit vous saisit à la gorge.

« Excusez ma douleur [...] Les ronces dégouttantes portent de ses cheveux les dépouilles sanglantes », écrit Racine au cœur du récit de Théramène ; on entend encore sa plume gratter le papier, s'y mêlent la frappe d'une machine à écrire de la rue Saint-Benoît, la fuite d'eau du robinet de la cuisine de Neauphle-le-Château. Duras déloge le tragique de l'Olympe, comme tous les grands auteurs elle est la première sur les lieux de la mort.

Je décide de dire ce texte sur scène, d'en retrouver la clarté, d'en lisser la lumière. On me prévient avec insistance qu'il faut en parler d'abord et avant tout à Mme Duras. « Elle est très à cheval sur ses droits... très, très près de ses sous... Le plus simple est que tu l'appelles toi-même. »

Le téléphone est posé sur le bureau. Je dois composer le numéro, trois lettres et quatre chiffres, sept fois le doigt dans un trou du cadran. Mon cœur bat comme un jour de générale. La sonnerie retentit, une fois, deux, trois, quatre... Un déclic, une accélération cardiaque, un silence... durassien.

Dans les didascalies de ses pièces, Marguerite coupe le silence en quatre : petit, moyen, long, très long ; le décompte des secondes appartient à l'acteur.

— Allô ?

C'est elle ! La voix nicotinée racle le fond du combiné, mon cœur et mon souffle s'affolent.

— Bonjour madame, je vous prie de m'excuser, pourrais-je parler à Marguerite Duras ? *Temps moyen, ton d'une majestueuse gravité.*

— Oui, c'est moi. *Temps long.*

Je tribouille une phrase qui n'en finit pas…

— Voilà, pardon, pardonnez-moi de vous déranger, je vous prie de bien vouloir m'excuser, je suis comédien, je m'appelle Jacques Weber et je… heu… rêverais de lire votre texte que je trouve bouleversant, magnifique, le titre est magnifique… « Le Coupeur d'eau ». Je voulais savoir si vous me feriez l'honneur et l'extraordinaire gentillesse de m'autoriser à le mettre dans mon spectacle.

— Oui. *Sans temps, tranchant, comme le couperet du docteur Guillotin.*

Là, tout s'arrête, mon cœur et ma montre, les secondes adoptent une durée cosmique, pas un souffle, pas un râle, pas un briquet qui rallume la cigarette. Les silences à la queue leu leu des sociétaires de la Comédie-Française depuis sa création ! Silence, explosion sourde, la didascalie s'impose juste avant la phrase, une phrase venue d'ailleurs, les mots distincts mais détachés comme sans importance, juste un peu moins graves, un demi-ton au-dessus de la normale…

— C'est génial, non ? *Temps très long.* Mon texte, c'est génial, non ?

Je crois bien que si de Gaulle m'avait appelé pour prendre un café, ou Brigitte Bardot pour l'épouser, je n'aurais pas été plus stupéfait.

— Oui, oui, heu, hé bien sûr… moi aussi je trouve ce texte… oui heu… génial. *Temps long, intonation d'évidence émue.*

— Quand je le relis, je pleure…

Je sens que je ne dois plus prendre de temps, il me faut enchaîner. Que dire après ces mots ? Sans doute sent-elle mon trouble, c'est elle qui poursuit. *Intonation inquisitrice et pressante.*

— À quelle heure c'est ? *La question est fonctionnelle, la réponse aisée.*

— À 20 h 30.

Petit temps, intonation pleine de surprise feinte et de ravissement.

— Ah, ah *(ah largement déployé)*, vous commencez par mon texte ?

De Gaulle m'attend au bistrot du coin, Bardot à l'église Saint-Eustache et le pape vient nous bénir. Mon cerveau fait patatras, pourtant j'ai bien entendu ! Elle me demande, non pas l'heure de la représentation, mais si je commence par son texte ! Décontenancé, je réponds à la hâte :

— Non, non, non… heu, hé… le… votre texte est plutôt vers la fin… mais je crois qu'il est très bien placé… *Temps très long.*

J'attends le verdict… le coup de grâce est pour bientôt…

— À quelle heure dites-vous, mon texte ?

Jamais je n'avais, je n'ai et n'affronterai pareille situation.

— 21 h 30/21 h 45 vraisemblablement… mais je serais… pardon… En tout cas, je serais honoré si vous veniez voir le spectacle…

Pas de temps, intonation rapide et voulant en finir.

— C'est très bien… Je viendrai vous écouter…

Entendre le spectacle, n'écouter que son texte ? Je n'ose pas poser la question et ne le saurai jamais. *Un temps court.* La voix est magnifique, je la redécouvre comme si je l'avais oubliée, le temps de cette conversation invraisemblable.

— Passez une belle journée...

Elle a raccroché.

Je ne l'ai jamais revue ou entendue. Plus tard, à chacune de ses interviews, je voyais l'âge, la maladie aussi, faire leur sale boulot. Ses frêles épaules frôlaient presque la table, la vie se recroquevillait, bientôt il ferait froid ; mais dès qu'elle parlait, la voix était celle que j'avais déjà entendue, ce phrasé espiègle et grave tout à la fois.

Je relis les didascalies de *La Musica Deuxième* : « *Sourires, les regards quittent les corps...* » Les acteurs qui répétaient se demandaient comment faire... C'est là que le silence de la littérature et du théâtre travaille. Ne pas faire, penser les mots, jouer commence par là. Duras ajoutait : « Les regards font toujours, à eux seuls, l'événement de ces moments-là. »

Francis n'aime pas le café, les cafés, il préfère les théâtres, le coca et les glaces chantilly. Alors nous nous voyons peu, mais nous nous aimons très fort.

Je suis bien sûr qu'au sortir du ventre de sa mère il s'écriait déjà : « C'est génial ! » Le génie du poulpe, l'intelligence du porc, la mémoire de l'éléphant, Francis est d'une espèce animale qui aurait échappé à Darwin. « C'est génial » est son cri, « On nous a trahis », sa plainte.

Il joue, pérore, écrit, met en scène, déménage à tout va, ses projets changent plus vite que le caméléon, un cerveau mille-pattes qui ne dort ni ne dîne, marche au Coca, ne boit ni ne fume, enfourne des glaces ou mange sur le pouce, chronique savamment le sport, la politique, distribue des conseils sur la vie, l'art, « tutti quanti et confetti », conchie des spectacles qu'il ne voit pas, a toujours raison, mais il a ses raisons que la raison n'a pas. Si gentil, si généreux, si cruel, si mesquin. Francis est un roi fou et triste, une statue de l'île de Pâques, une énigme, être ou ne pas être un acteur de génie, là est toute sa question. « Le talent fait ce qu'il veut, le génie ce qu'il peut », répondait un musicien virtuose à un journaliste.

Francis n'a jamais fait ce qu'il voulait mais ce qu'il pouvait. L'école d'art dramatique de la rue Blanche

– où l'animal tournait en cage – était si proche d'une caserne de pompiers que l'avertisseur à deux notes, le vrombissement des camions rouges accompagnaient souvent Hamlet à Elseneur ou Alceste chez Célimène. On imaginait aussi que les pompiers intervenaient pour sauver Francis, le plus fou d'entre nous. Celui-ci, tout feu, tout flamme, m'associait déjà à ses innombrables projets. Son prochain film : « Quand une fille se rit de vous, vous devenez mou comme du ris de veau » ; sa prochaine pièce : « Nous sommes deux génies » ; sa future mise en scène : « *Le Misanthrope* façon western », moi John Wayne, lui Montgomery Clift, Jane Fonda pour jouer Célimène... C'est génial !

Naturellement, il entrait dans la salle de cours coiffé d'un borsalino, l'arme au poing (pistolet à eau) et rejouait la scène d'un film noir ou, coiffé d'un chèche, une séquence de Lawrence d'Arabie dont il avait fait une adaptation (géniale) pour un one-man-show !

Pourtant, lorsqu'il passait Lorenzo ou Jacques le Fataliste, l'air se tendait, l'émotion serrait le ventre de tous, une clarté d'ailleurs réanimait le jour, le temps offert d'un grand acteur élargissait chaque seconde. Bien vite, nous nous retrouvions au Conservatoire. 1968 s'était consumé entre discours, pavés et matraques. De Gaulle avait flanché, parti chez les militaires, il revenait consolé et assénait « Je ne partirai pas », Pompidou en embuscade fumait beaucoup. Le préfet nettoyait la Sorbonne, la révolte s'éteignait doucement, un défilé bleu, blanc, rouge sur les Champs-Élysées mit fin au printemps. L'imagination ne serait pas au pouvoir, l'argent resterait roi, sous les pavés la plage serait goudronnée.

Francis était parti en tournée aux Antilles, le compte-rendu qu'il en fit tenait en un mot : « Génial ! » Je découvrais, circonspect, le titre d'une de ses conférences : « Ionesco ou le point d'interrogation renversé ». Je n'ai toujours pas compris.

La semaine des concours arriva. La veille, les élèves de Vitez répétaient dans la grande salle. Le trio des inséparables (Villeret, Balmer et moi) se faufilait au balcon pour les espionner. Francis passe Figaro dans le monologue du cinquième acte : « Oh femme, femme, femme… » Les mots tombent comme les plumes d'un oiseau abattu en plein vol, Francis absent de son corps, refait en chaussons de nuage le long chemin de sa vie. Dans la nuit du parc d'Aguas-Frescas, le château d'Almaviva, son souffle s'affole, son cœur bat.

Dans la salle, le silence submerge le temps, les choses et les gens ; nous le pensons très fort : il est génial. Le soir, Jacques et John (Jacques Villeret et Jean-François Balmer) dînent chez mes parents. La table est dressée avec soin et le repas digne d'un chef étoilé. Mes camarades dégustent la terrine de poisson en gelée, enfournent le chevreuil sauce grand veneur, engloutissent toutes les crêpes au pralin, eux ne concourent pas, ils ne sont que répliques. Pour moi, le cœur n'y est plus, j'annonce, la voix blanche :

— Demain, je me battrai pour un deuxième prix, Francis est trop génial.

Ma maman ne relève pas et préfère parler de sa tarte aux fraises et des quelques gouttes d'huile de noisette ajoutées, audace qui, elle l'espère, rehaussera le goût. Le repas s'achève, nous avons bu beaucoup et bien, parlé peu, ma gourmandise arrêtée au creux du ventre par les perspectives du lendemain.

Au bistrot du Conservatoire le matin, Maryse sert café, croissants et demis, elle nous apprend que Francis a dormi dans l'hôtel à côté. L'espace d'une seconde, je l'envie ; après une minute, je décide qu'il est fou. Je suis prêt pour le combat. « Tu verras, m'avait-il prévenu, ce sera le choc des titans. » J'avalais sa mégalo comme une boisson énergisante. Il arrive du bout de la rue, tête baissée, un peu penchée de côté, la démarche résolue et nerveuse, remonte ses lunettes d'un doigt :

— Jacques, désolé, je vais être génial, je vais t'écraser, c'est Cassius Clay contre Frazier ! Anquetil bat Poulidor !

Je suis blindé, tout avec lui est compétition, un foot de récréation et c'est France-Brésil.

— Francis, dis-je sans trop y croire, attends-toi au pire, dès le premier round, je te mets KO.

On s'embrasse et on se quitte en riant. Le concours démarre…

— N° 12, Jacques Weber, *Le Malade imaginaire*, rôle Argan. Acte III scène 3. Réplique Jacques Villeret.

À son premier battement de cils, la salle rit. Je n'ai pas peur, Jacques a embarqué le public, les rires montent et rythment la scène, à la fin c'est une ovation, certains crient : Bravo !

Je dois beaucoup à Jacques.

C'est au tour de Francis, nous nous sommes assis au fond de la salle.

— N° 46, Francis Huster, *Le Mariage de Figaro*, rôle Figaro. Acte V scène 6.

Non, oh non ! C'est impossible !!! Francis entre maquillé comme Faye Dunaway en fin de carrière, le costume de valet espagnol traditionnel et bien rouge du XVIIIe siècle et, pour rehausser le ridicule, un ajout de cheveux pris dans une longue mantille noire… On dirait un saucisson. Le pied en avant, Bonaparte sur le pont d'Arcole, il déclame : « Oh, femme, femme, femme… » Que se passe-t-il ? Nous ne sommes pas au bout de nos surprises… Il sourit à pleines dents ; elles ne sont ni blanches ni éclatantes, elles brillent et nous aveuglent comme un flash. La scène se poursuit et, malgré le handicap du ridicule, il va au bout et remportera un premier prix.

Au « débriefing », il m'explique :

— Tu as vu, je te l'avais dit, on est deux génies, tu as vu le coup du sourire ? Regarde, tu devrais faire pareil, vu ce que tu fumes !

Il tire de sa poche un article de *Cinémonde* plié en quatre : une publicité pour Émail Diamant, cerclée de feutre rouge, représente un toréador habillé comme Figaro avec des petites étoiles qui sortent de sa bouche.

— C'est génial ! J'en ai commandé et j'en ai mis ce matin. Tu as vu le résultat !

Je n'ai jamais su lui dire que si j'avais eu le prix d'excellence et lui seulement le premier prix, Émail Diamant y était pour beaucoup. Je n'ai pas eu le temps non plus de dire au grand monsieur Villeret à quel point je partageais ce prix avec lui.

Dans le bistrot, ça parle football, Ukraine et sécurité… toujours trop fort. Commérages d'hier, d'aujourd'hui et de demain, le bruit du temps, petites et grandes histoires des pauvres gens et des rois. Comme au théâtre, dont les épopées et leurs enfants du paradis nous rappellent à l'ordre.

Née sur le plateau de Langres, petite source, elle est descendue à Paris faire carrière ; elle n'est plus pure mais connue du monde entier, les désordres et embellies de l'histoire se perdent dans ses plis d'eau trouble. Je la contemplais souvent avant d'entrer dans le Théâtre d'Orsay, je tirais une cigarette comme Maigret sa pipe au 36, quai des Orfèvres. Comme lui j'enquêtais sur mon rôle. Une phrase de Flaubert me revenait souvent : « Toute chose regardée longtemps devient intéressante. » La vérité se dilate, se creuse… on ne sait plus, on doute et tout recommence. Il en est des rôles comme des gens que l'on aime. Jean-Louis Barrault, fréquemment en slip dans les loges, ressemblait au fakir de Tintin dans *Les Cigares du pharaon*. Il en imposait malgré tout ; un mélange d'énergie un peu forcée et de méchanceté préservait son autorité, écornait la légende. En répétition, il grognait souvent et mimait tout. Grand découvreur d'auteurs, il avait conscience d'être un comédien moyen et, faute de pouvoir aller plus loin, cherchait une sorte d'efficacité à la mode, il en connaissait tous les rouages. Pourtant, à force de le voir faire tous les jours, ce qui me décevait s'estompait, balayé par une irrépressible fureur de vivre ; il assassinait la mort à chaque pas. Pas étonnant qu'il mît en scène *Le Nouveau-Monde* de Villiers de L'Isle-Adam – lui-même un ogre géant qui mit plusieurs semaines à mourir, le crâne défoncé, le cerveau à découvert. Le spectacle se répétait et à cette jeune pousse de soixante-dix ans en chemise indienne ne manquait que la barboteuse. Les épées de bois, les projecteurs et les brames de l'amour étaient l'occasion de bondir et de crapahuter sur la scène et dans la salle. Il faisait en même temps l'orage, la tempête, les vagues, la pluie et les éclairs, il me rappelait le curieux bonhomme qui faisait un triomphe devant les terrasses de bistrots à Saint-Germain-des-Prés ; il tapait sur une grosse caisse, jouait de l'harmonica, agitait des grelots avec ses pieds et faisait sonner des cymbales avec ses genoux.

Jean-Louis s'arrêtait, retournait dans la salle, nous écoutait et prenait à partie l'un d'entre nous :

— Jacques, la vérité c'est le médium, ailleurs on est trop fort ou au-dessous, la vérité c'est concret, le lyrisme ça vient, ronchonnait-il, quand on ne le cherche pas.

Baptiste, le siffleur des *Enfants du paradis*, est un de nos grands maîtres. Il arrive un après-midi, très tendu ; ceux qui le connaissent bien rient sous cape.

— C'est la répétition de la petite Madeleine !

Jean-Louis réunit l'équipe dans la salle :

— Les amis, aujourd'hui nous faisons un filage devant Madeleine, alors je vous demande d'être présents (il appuie sur le mot comme un rebouteux sur une entorse), il faut mouiller la chemise, pas de jus de navet dans les veines !

Il tape du poing sur la table, il a la fièvre, sa voix tremble, il a peur de Madeleine, il aime Madeleine, Madeleine est une grande actrice admirée du monde entier, il le sait, il sait qu'elle sait.

— Préparez-vous, elle arrive dans cinq minutes.

Le silence est absolu, il ne cesse de se tourner vers la porte. Sourit bêtement et murmure :

— Elle arrive, elle arrive.

Madeleine Renaud entre à pas mesurés, je pense à un personnage de bande dessinée du journal *Tintin*, une petite dame qui a ses petites manies et ses petites colères, qui monte facilement sur ses petits chevaux : Prudence Petitpas. Jean-Louis en aboyeur proclame :

— Madeleine est arrivée !

— Bonjour, mes enfants, restez bien concentrés.

La voix est cristalline, chaque consonne est un coup de stylet, chaque syllabe a sa couleur et son poids. Nous faisons le filage la peur au ventre, le plus terrorisé est Jean-Louis, comme tous les metteurs en scène qui jouent, il ne sait pas bien son texte, il accroche, se trompe, rage, écume tel un cheval emballé. La répétition terminée, nous remontons dans nos loges.

En coulisses, dans les retours, on nous demande de descendre dans la salle, puis dans un murmure :

— Alors mon amour, ça t'a plu ?

Jean-Louis a passé une veste et s'est recoiffé.

— Alors Madeleine, dis-nous…

Prudence Petitpas pose son petit sac sur ses petits genoux, ses petits yeux sont noirs et brillent comme une nuit d'été.

— C'est très bien, Jean-Louis… très bien. Mes garçons sont parfaits, on les entend très bien.

Ses mots sont travaillés, polis, les phrases ressemblent à des jeunes filles les jours de printemps, Madeleine Renaud n'a pas d'âge, sa voix pure frôle sans cesse l'éternité. Elle prend un temps, se ramasse, ses mains serrées sur son sac, la tête est relevée, l'œil plus noir. Le silence pique.

— Mais alors, mes petites filles, je ne vous ai pas du tout entendues, rien ne m'est parvenu… C'est dommage ! ajoute-t-elle, vacharde.

Les actrices de la Compagnie Renaud-Barrault semblent être habituées au massacre de Prudence Petitpas. La grande dame se relève, dit bon courage et sort.

Je ne l'ai revue que sur scène, beaucoup plus tard, quand l'un et l'autre ont décidé de laisser mon ami d'enfance Francis prendre la direction du théâtre. L'un avait bu, sa chemise noire à points blancs était tachée, courbé en avant il cahotait tel un oiseau blessé. L'autre avait mal appliqué son rouge à lèvres, son manteau défraîchi glissait sur une épaule, ses bas étaient filés. C'était si triste, le naufrage de l'âge dont parlait de Gaulle avait eu lieu. Les fantômes, Dieu merci, existent, ils nous évitent de nous cogner contre les épaves.

Je suis en terrasse, il fait trop chaud pour la saison, c'est doux et terrifiant. Je pense à Madrid, l'Espagne, sa fierté ancrée au soleil comme à sa terre, un peu comme Catherine, une femme d'ombre et d'azur, si loin, si proche. Une autre douce fée se pose à mes côtés, elle fume même quand c'est interdit.

Dans les environs de Madrid, les champs sous le soleil bas étaient or ou noirs. Sous des parasols, certains se rafraîchissaient, d'autres s'activaient au rail d'un travelling, à l'installation d'un projecteur, la caméra avait son ombrelle tout comme quelques acteurs qui somnolaient ou lisaient, ventilés par l'éventail d'une maquilleuse compatissante. Sous son pull blanc, son jeans serré et ses bottes, Catherine avait chaud et restait calme. Chino, à chaque changement de séquence, compte tenu de la chaleur, retouchait son maquillage, le visage fin et pâle prenait le frais, sa peau fine retenait une lumière mystérieuse, ses longs cheveux blonds lâchés, un sourire timide et franc, un rire qui claque, une bouffée nerveuse de cigarette, une voix pressée et retenue, Catherine Deneuve était une femme du présent, simple, belle, sauvage et appliquée. Je rejoignais le tournage pour interpréter son amant, un artiste peintre déjanté. J'avais demandé à venir quelques jours plus tôt pour faire connaissance avec la star, la copine amoureuse des *Demoiselles de Rochefort*, enfin la comédienne, ma maîtresse que je devrais dominer avec une mâle assurance !

L'hôtel est tristement fonctionnel. J'extrais deux mignonnettes de whisky d'un pauvre frigo et je les avale sans envie. L'appellerai-je Catherine ? « Bonjour, Jacques, enchanté… » Enchanté, c'est vieille France… « Bonjour, je vous admire beaucoup. » C'est plat ! Je me sens plus devant moi que devant elle… Ne rien dire…

J'appelle Serge Rousseau, mon agent et ami :

— Pense à ton rôle !

C'est bref et juste. Je plonge dans le scénario quand le téléphone sonne.

— Jacques, Claude Jaeger à l'appareil… (C'est le producteur.) Jacques, puisque vous êtes là plus tôt, ça nous arrangerait bien que vous commenciez dès demain.

Plus de mignonnettes dans le frigo, j'ai le trac comme avant d'entrer en scène. Aussitôt, un assistant appelle :

— Demain 7 heures, séquence 27.

Je relis la scène : *Alain s'approche de Françoise, la regarde, plein de désir.*

— *Laisse-moi te peindre avec les mains.*

FRANÇOISE : Tu es très en forme, dis-moi.

Alain dégrafe son corsage lentement…

Je déboutonne du vide comme un chemisier…

Le matin est déjà chaud, le café tiède et les gâteaux secs. Nous tournons dans « mon atelier d'artiste », j'attends sur une chaise à mon nom, j'entends parler italien. Une voix féminine mal réveillée, plus basse qu'à l'accoutumée… C'est elle.

— Bonjour, Jacques.

Elle prend l'instant en main, lui donne un air de fête.

— Bonjour, madame.
— Oh non, pas madame…
Vive, spontanée, elle se retourne, le soleil monte dans la pièce.
Chino déplace un paravent, nous voilà isolés avec le maquilleur, un confident de tragédie classique.
Nous évoquons la chaleur et l'hôtel qui m'héberge. Elle rit de la kitchenette qui m'énerve car je ne m'en servirai pas et la bouilloire et le café en poudre que je déteste, en retour elle me parle de trattorias sympas… Le rêve est muet, la réalité bavarde.
Juan Buñuel, le réalisateur, indique la scène. Le tournage commence, avec le trac je suis naturel comme un discours électoral et le corsage à dégrafer est plus difficile que l'ascension de l'Everest à mains nues. Nous multiplions les prises, le plateau se tend, Catherine reste bienveillante, me sourit, m'aide même à la dévêtir.
Le premier jour, une scène de ce genre est toujours difficile et pour tout le monde, grâce à elle nous parvenons enfin à jouer ensemble.
Au fil des jours, elle m'impose d'être simple et d'aimer faire ce que je fais, ce qui la paralysait peut-être à ses débuts est aujourd'hui la source opaline de son jeu. Le soleil était planté au-dessus de Madrid, l'ombre une rareté très prisée et la nuit, à la terrasse des hôtels, la fraîcheur ravivait les cœurs et les sens, les dîners commençaient et finissaient très tard. Ce soir, l'acteur espagnol Fernando Rey, méchant chez James Bond, bourgeois catholique et pervers chez le maître Luis Buñuel, a convié la distribution. La discussion va et vient : le temps, le cinéma, la mort récente de

Pompidou et la santé de ceux qui nous gouvernent, les vins ibériques et le barolo italien, l'occupation par les états généraux du tiers-monde des plateaux du Larzac, le monde apocalyptique de Bilal et la première édition du festival de bande dessinée d'Angoulême. Lorsque le *rabo de toro* (la queue du taureau, une spécialité madrilène) est servi, Laura Betti, figure exubérante et engagée du cinéma italien, enchaîne avec les soirées pasta sur les tournages de Pasolini. La discussion repart sur la mort de Prévert, Goya au Prado, El Cordobés, torero connu du monde entier, voyou et classique, le Belmondo des arènes. Fernando Rey nous propose de passer une journée chez Palomo Linares, autre grande figure de la tauromachie.

— Il organisera une *tienta* dans ses arènes privées et pour toi, Catherine, il combattra un taureau. Nous autres, nous pourrons nous essayer à la cape face à des taurillons.

Je sors de ma torpeur romantique et me perds avec ferveur dans les éternelles comparaisons du théâtre et de la corrida. Le berceau des cornes et la courbe des corbeilles d'un théâtre, la masse noire de l'animal et l'obscurité de la salle, enfin la mort concrète, la blessure gluante de sable de sang et fils d'or, et les autres morts, celles de théâtre, un grand mot sans danger. Je brandis la bouteille et la vide, clame en fier Andalou :

— Demain, je descendrai dans l'arène pour combattre sous vos yeux !

— Olé ! s'enthousiasme l'assistance.

L'heure de gloire est en avance.

Nous sommes dans les arènes privées de Palomo Linares. Les *callejons* rouges claquent dur sur la chaux blanche des murs, le sable est immaculé, parfois un vent léger le soulève en vapeurs blondes. Le matador marche, cambré, le sexe en avant, vers un monstre noir deux fois plus haut que lui. Il se plante devant la bête, l'observe, regarde Catherine dans la loge d'honneur, lui *brinde* son taureau puis déploie sa cape, lève l'épée, vise et exécute l'animal qui beugle, tangue sur ses pattes, convulse et meurt. Son cadavre ruisselle de sang à mes pieds ; une poignée de secondes sépare l'instant sacré de la boucherie.

Le public me rappelle ma promesse d'hier :

— Jacques... maestro Jacques, torero, olé... c'est à toi.

Je me recroqueville, c'est pire qu'une entrée en scène un jour de générale, je dis maman tout bas. Un ban s'organise :

— Jacques, Jacques, Jacques...

Catherine, de sa loge, m'encourage d'un geste et d'un sourire mesurés. Un taurillon entre, balance ses cornes en tous sens, fait le tour de la piste. Il me paraît énorme. Je me précipite vers les latrines, j'ai envie de faire pipi. Fernando Rey me rattrape et d'autorité me jette une cape dans les mains et me pousse dans l'arène. Le mouvement attire le « bébé taureau » qui fonce sur moi, je vais mourir sous les yeux de Catherine Deneuve. D'instinct, je tends la cape devant moi, la déploie... je suis El Cordobés. Je m'enhardis, l'animal passe et repasse, je m'enivre, je suis le matador

El Webero ! Hélas, une corne effleure mon mollet… Je redescends sur terre et m'enfuis.

La gloriole est brève et le ridicule prend son temps, le tournage est encore long.

Chez lui, le café est un nectar, une potion magique, chez lui la langue chante, il passe, vient et repasse via Veneto, amateur chez les professionnels, professionnel chez les amateurs, il nous fait croire à la dolce vita sans être dupe. Toutes mes fées avaient besoin d'un magicien, l'éternel Marcello.

Le tournage se poursuit, je ne tourne pas, je fuis ma chambre, je marche dans la ville, je m'ennuie, c'est agréable. Je cherche des journaux français et survole *El País*. Les gros titres annoncent la démission de Richard Nixon, le mensonge d'État est puni ; Pinochet au Chili affirme qu'il fondera une démocratie purgée de ses vices, le mensonge d'État continue.

Je pense à la disparition de certains camarades du tournage d'*État de siège* à Santiago. Je revois leurs visages et leur joie, ils ont connu la torture, celle dénoncée dans les films de Costa-Gavras ; la fiction raconte le monde mais l'enjambe. Désenchanté, je rentre à l'hôtel, un message m'attend : *Ce soir, nous allons chercher Marcello à l'aéroport. S'ensuivra une fête chez une amie de Catherine.*

Marcello, c'est Marcello Mastroianni, costume et cravate noirs, chemise blanche au col déboutonné, l'élégance latine désinvolte, l'eau de la fontaine de Trévi à mi-mollet, c'est *La Dolce vita* avec Anita Ekberg, ses cheveux en cascade blonde et son buste dionysiaque dansant sous les gerbes d'eau.

Un avion s'est posé, nous attendons le latin lover au pied de la passerelle. Un ami accordéoniste joue,

Laura Betti chante à tue-tête une sérénade napolitaine, Catherine frappe des mains, Fernando Rey et moi faisons les chœurs.

Marcello, un énorme faitout entre les bras, est princier, sa voix chante, sourit et s'envole :

— *Viva la pasta !*

Toute l'allégresse italienne qu'envie le Français grincheux est là. Laura et Catherine s'esclaffent :

— Il a apporté non seulement tout le matériel pour cuisiner les pâtes mais l'eau de cuisson forcément italienne.

— *Viva la fica*, entonne Laura, éventant de sa robe ses dessous féminins.

Catherine n'ose pas me traduire « *la fica* » ; Laura intervient :

— C'est le *cazzo* des femmes !

Marcello dépose le faitout, il ne marche pas mais glisse, file et chaloupe comme les barques d'amoureux ; prince florentin, il salue Laura, Catherine et l'hôtesse de l'air. L'accordéon joue du Nino Rota, une joyeuse farandole quitte l'aéroport.

Catherine et notre maestro me parlent de notre hôte de ce soir, Lucia Bosè, une actrice milanaise, ex-femme de Luis Miguel Dominguín, figure légendaire de la tauromachie. Le couple était considéré par la presse people comme l'un des plus beaux au monde.

— Ma Jacques, elle est *stupenda*, *incredibile*, entonne Marcello.

— Ah oui, très, très belle, ajoute Catherine, mi-sérieuse, mi-amusée.

Leur couple est prêt à rire de tout, prêt à vivre, à visiter chaque instant comme une île du Pacifique. Je me revois quelques jours avant, glisser dans le sac de Catherine deux cartes représentant des œuvres du Prado, *Le Chien* de Goya et *Les Ménines* de Vélasquez. L'angoisse de l'un, la mise en abyme de l'autre disaient beaucoup d'un état d'esprit si loin de leur gaieté revigorante.

La piscine est éclairée, le plongeoir est un taureau de bronze couché, dans l'entrée, des capes et des trophées de torero côtoient des tableaux de Picasso, le salon déborde de livres, un piano à queue et de grands canapés meublent la pièce. Un escalier de bois mène à l'étage, trois gros chiens nous flairent et se recouchent.

Marcello a retroussé ses manches et s'affaire en cuisine, les invités attendent la maîtresse de maison.

Sa robe est longue et blanche, des pâquerettes, petits soleils aux rayons blancs sont brodés, ses cheveux frôlent ses reins, une pivoine fichée dans un peigne retient en arrière une longue mèche. Elle descend lentement, tout sourire, fait de petits signes de la main. Son visage évoque l'aigle royal, la couleur de ses yeux est peut-être mauve, incertaine et profonde, le fond d'un volcan. Elle me tend une main ferme et douce, me sourit, sa beauté m'emprisonne.

— *Sono pronto*, clame Marcello.

Les pâtes alle vongole s'enroulent sur les fourchettes, les gressins se brisent, le flamenco se mélange à la rumba, Marcello danse, sert les pâtes, danse, conte et mime, il est Don Juan, Sganarelle, Fred Astaire et Toto, l'inénarrable Napolitain. Je reste un peu dans mon coin et bois.

Marcello vient vers moi avec une compassion joyeuse, volubile et tendre.

— Ma Jacques, la vie ma elle est magnifique et tou fais oune métier très facile, tout le monde est gentil avec les acteurs, on vient te chercher, on t'apporte le café, on te fait beau entre les prises, tou peux dormir et on te réveille gentiment, alors ce n'est pas bien d'être triste.

Je m'assois aux côtés de Lucia. Son sourire me croque le cœur.

— Alors Jacques, vous passez une bonne soirée ?

Nos regards se touchent comme deux pierres à feu. Je lui conte une histoire, celle d'un homme amoureux fou de la beauté des côtes bretonnes, des grandes claques du vent, du fracas chenu des vagues, et qui, à l'aube, en état de sidération se précipite de la falaise… L'histoire est légère comme une potée savoyarde !

Le temps est long, chargé d'énigmes, Lucia se lève et rejoint ses invités.

La soirée s'achève, j'embrasse Marcello et Catherine.

— Mais Jacques, on te raccompagne si tu veux.

— Non, je reste ici, je dormirai dans le salon avec les chiens.

Catherine et Marcello sont surpris, Fernando glisse en me saluant :

— *Buenas noches, el enamorado.*

Lucia dit que ça ne la dérange pas et monte se coucher.

Je suis seul dans le salon avec les chiens, je me remémore Tom Jones, un film d'époque sensuel et gourmand : un noble ruiné dort dans les cuisines du château, ses chiens allongés contre lui pour lui tenir chaud. Je m'endors en noble de campagne solitaire et incompris.

La reine Mab, la fée des rêves, m'a visité. Je suis devenu Julien Sorel avec Mme de Rênal : « À cinq heures, je lui prends la main… » Les oiseaux de nuit sont en conversation, le vent s'est levé et dans le parc les arbres grondent, avancent comme la forêt de Macbeth, les chiens sont dressés et halètent à pleine gueule, je vais aller voir Lucia, lui signifier ma flamme et mon adieu. L'escalier grince, la porte couine dans l'obscurité, j'entends le souffle régulier de la reine d'une nuit. M'asseoir sur le lit serait inconvenant, rester debout risqué, j'opte pour la chaise près de son lit. Je m'assois, une masse ronde bouge tandis qu'un miaulement de l'enfer zèbre le silence : je me suis assis sur le chat.

— Jacques, tu m'as fait peur, sors immédiatement !

Je redescends honteux et confus, les chiens me tournent le dos.

Au matin, Lucia boit son thé, réajuste des fleurs dans un vase, me demande, lointaine, si je souhaite un café. Je hoche la tête, muet et contrit. Boum ! Lucia se retourne : la tête d'un ange en pierre vient de se briser au sol.

— Oh non, ce n'est pas possible !

Son regard se voile, le mien plonge dans ma tasse ; dans un silence sépulcral, le diable et le Bon Dieu se sont invités. Les forces de l'esprit sont bien vivantes et les fantômes de la nuit s'attardent chez les paumés du petit matin.

Il y a eu Toto, Fernandel, de Funès, Raimu, Harry Baur, Bourvil, il y aurait eu Jacques, mon ami. Les dieux voulaient se le garder pour eux tout seuls, décidément je ne les aime pas.

Jacques n'est pas gros mais carré comme la Terre est ronde, il est la face cachée de la Lune, la moitié du cœur dans le noir. À force de vouloir s'effacer, sa délicatesse se déchire, sa bonté se met en boule, le monde n'est plus qu'une plante carnivore, il souffre et boit. Sur deux planètes bleues perdues dans l'univers, ses cils longs et noirs cousent ses paupières au petit matin lorsque Jacques, à bout de souffle, s'écroule. Son père était resté en Algérie entre le désert et le grand large, sa mère l'éduqua à Saint-Pierre-des-Corps, célèbre gare de triage près de Tours. C'est là, disait-il, qu'il avait écouté Jacques Brel dans un cinéma de quartier. Du brut : un micro sur pied, une rampe, deux, trois vieux projecteurs, une scène minuscule, un piano, trois musiciens et le monstre entre en scène, articule comme on casse des noix, drape les mots, leur botte le cul, caresse leur croupe et baise leur encolure. Il en fait trop pour ceux qui n'en font pas assez. C'est là que le petit Jacques et le grand Jacques se rencontrent. Le timide réservé est roulé par les vagues, il colle l'oreille au ventre des chansons comme s'il reconnaissait le tumulte de ses entrailles, un monde de honte et de misère tues.

Je l'ai connu plus tard au Conservatoire national d'art dramatique. Au lendemain de Mai 68, le Parisien était soixante-huitard, le provincial avait espéré que l'armée ferait le ménage dans la capitale. Au bistrot du « cons » ce n'était plus le sujet, la vieille société avait étouffé la nouvelle, l'imagination avait déserté les rues, les boutiques de fringues remplaçaient les librairies et la télévision, disait Pompidou, était la voix de l'État. Pendant ce temps, Jacques V. prenait son demi sur le zinc, avec un air de vieux client, rien ne lui échappait des gens ; les fausses attitudes des élèves de théâtre ne méritaient qu'une attention distraite, la faune du quartier des Folies Bergère le passionnait plus avec ses figures : l'alcolo qui trempe son croissant dans du pastis, l'employé de banque avec son pull jacquard qui, lui, le trempe dans son grand crème, Mémène et Albert qui s'engueulent tous les jours :

— Albert, prends un diabolo menthe, ça changera !

— Mémène, ferme ta gueule, ferme ton cul !

Répliques d'une pièce qui se joue à heure fixe. Et puis les ouvriers d'un chantier proche, la banque, la poste, le facteur et sa sacoche pleine d'amour et de factures, le personnel du Conservatoire, les petites mains mais jamais les profs.

Jacques, mystérieux et souverain, voyait tout ce peuple comme un chat qui se faufile dans la nuit des gens.

Je suis en deuxième année, Jacques V., John, Nathalie, André en première. John a décidé de s'appeler Jean-François pour que son nom soit plus long sur l'affiche, nous continuons à l'appeler John car il parle un anglais d'Oxford ; personne ne sait son vrai prénom, il est secret comme une banque suisse, d'ailleurs il est suisse et montagnard. John et Jacques V. fraternisent, l'un fait rire d'un regard, l'autre provoque d'une phrase, ils se sont trouvés au bout des bars, rescapés et solitaires. Ils se trouvent moches et me trouvent beau, je bois par foucade, eux par nécessité, je les gronde parfois et fais de grands discours sur le théâtre et la vie, alors Jacques m'appelle la Vieille, John pilonne mes sentences. Chacun dans nos classes, c'est dans les bistrots que les liens se nouent. Nathalie, c'est le sourire des premières roses, une énergie de cascade, un entêtement joyeux à se moquer avec tendresse de nos spleens de vieux jeunes gens, elle est notre marraine, parfois du bistrot du matin, discipline de danseuse oblige, elle est rarement de celui du soir. Le Sherwood c'est le saloon, le bar des putes et des truands, des acteurs qui se plaignent et de ceux qui triomphent, des dragueurs impénitents et des malheureux en amour, des refaiseurs de monde ou de match de football, c'est un shaker géant de l'existence, une cave où l'aube coincée au premier étage ne passe pas.

Une nuit, Jacques V. s'est endormi sur une banquette, John invective mollement les derniers clients, l'un se fâche, il est armé, c'est un souteneur de Pigalle. Le patron s'interpose, c'est Georges, un Corse plus vrai que nature qui sort John d'un mauvais film. John pleure de rire et parle en anglais, ce sera son fait d'armes ; moi je suis rentré depuis longtemps.

Nos cours commencent à 9 heures le matin. Chez notre prof, les filles, dont Nathalie, sont d'un côté, les garçons de l'autre ; nous préparons le concours de fin d'année. J'ai demandé à Jacques V. de venir me donner la réplique dans *Le Malade imaginaire.* Il jouera Argan, moi son frère Béralde. Nous attaquons la scène, il est à peine audible mais tout est juste, il ne force rien, ne peut rien forcer, n'a rien à forcer, la grâce est déjà là malgré lui, quoi qu'il fasse elle est la plus forte. La scène terminée, le prof ne fait aucun commentaire, il regarde Jacques en souriant :

— Merci, mon gars. Tu es chez qui ?

— Chez Louis Seigner, monsieur.

— Bien, bien, eh bien retournes-y travailler… on reverra cette scène plus tard.

Jacques V. sort. Le silence est lourd et pue.

— Mon cher Jacques, me dit le prof, décidément tu es fou, comment peux-tu prendre une telle réplique pour ton concours ! Mes enfants, vous avez vu ce matin toute l'injustice de notre métier : ce garçon n'a pas de physique, on ne l'entend pas, il est triste, on se demande comment il a pu être admis dans notre école, il ne fera jamais rien… et il va mettre ta scène en l'air !

Nos regards se croisent avec Nathalie, elle ne sourit plus.

Jacques et moi répétons seuls dans notre coin.

Le jour des essayages de costumes, je le découvre un bonnet de nuit sur la tête ; une ou deux mimiques, nous éclatons tous de rire. Me vient alors une idée :

— Jacques, si nous sentons que la scène est très drôle, nous changeons la fin, je te ferai un signe pour conclure en partant dans les rires ; si le public est, disons, attentif ou réservé, nous concluons sur la note plus dramatique : « La médecine, cela n'est permis qu'aux gens vigoureux et robustes mais pour lui, Molière, il n'a de la force que pour porter son mal ! »

— Oui, oui, si tu veux... mais bon on verra... D'accord, ma vieille.

Le jour du concours, la salle est bondée, mon prof résigné et la scène annoncée. Quand le rideau s'ouvre, Jacques V. est en scène, la salle sourit. Je dois entrer, l'air préoccupé, ne sachant pas comment aborder mon frère pour lui adresser de vifs reproches sur le mariage de sa fille.

Dès mes premiers pas, Jacques V. se retourne vers moi puis regarde le public... La salle explose de rire. Jacques V. n'a rien fait ou si peu, juste lever les yeux au ciel. Toute sa vie, Jacques lève les yeux au ciel et les salles de théâtre et de cinéma se mettent à rire.

À la fin, je lui fais le signe prévu et nous terminons la scène en continuant de nous chamailler en coulisses. Rires, rappels et bravos se mêlent.

Jacques fut reconnu et fit du bien au public populaire, mais au fil des jours, la blessure s'aggravait, l'alcool prenait son sang et son cœur tout rouillé se trouait de partout. Sobre, il redevenait le sage, l'helléniste modeste, possédait la mémoire puissante et bonne des médecins de campagne. Nous l'aimions tant, ce Vania qui n'a jamais joué Tchekhov, cet Alceste que je voulais tant qu'il joue et qui n'a jamais joué Molière, ce Sganarelle qui était là, à deux pas de moi, et que je n'ai pas pris quand j'ai réalisé *Don Juan*. « Il est trop le personnage », osais-je prétendre ! Serge Rousseau, notre agent, s'occupait paternellement de Jacques. Il n'eut qu'un mot : « Tu es con ! » Oui.

Jacques avait la fragilité des monstres, la légèreté de l'air, le muscle des orages et les pas d'une ondée. Les dernières fois que je l'ai vu, au bout de quelques verres, la mort lui mangeait les yeux, ce regard bleu pâle où se prélassaient les heures tristes d'une fin d'été tournait sur lui-même comme une toupie lancée par le diable. Jacques V. crachait le monde, le vomissait, le doigt de la haine dans la bouche comme le poison qui le tuait à petit feu. Nous fuyions, il nous poursuivait en voiture ou par téléphone, la nuit étouffait la cavalcade du désespoir. On le retrouvait le matin, le cul posé au bord du caniveau, c'était son bord de mer.

Quelques mois avant sa mort, il semblait plus apaisé, il était aimé et aimait, mais il avait allumé la mèche trop tôt, le bleu de ses yeux peignait son visage, les bâtons de dynamite l'enveloppaient… Et merde ! Trop tard. Jacques a explosé, un feu brûle sur la fin de la terre.

« Ô Lear, Lear, Lear ouvre la porte qui laissa entrer ta folie ». Ses derniers mots sont désormais toujours dans ma tête : « Jamais, jamais, jamais, jamais, jamais. »

Par la forêt noire, les champs sans contours, les chevaux massifs saccagent les hautes herbes, écrasent la terre grasse, cassent les pierrailles sableuses ; sans frontière et sans route, la horde traverse le royaume. Dans un chariot aux roues de bois, un vieux roi bringuebale. L'hiver frémit dans ses veines, sans couronne, la gueule en ruine, sa barbe coule comme une fin d'avalanche. Tandis qu'il rentre au château, derrière le convoi royal d'une longue traîne de poussière filtrent les lueurs de fin du jour. Le monde est jeune, Dieu n'est pas encore inventé, le roi est seul. Le feu de sa vie achève de se consumer, s'élèvent les fumées ultimes de l'illusion. Il a convoqué sa famille, sa cour au palais. Sa décision est prise, il coupera le monde en trois, ses filles se partageront, selon ses dernières volontés, domaines forestiers et riches campagnes. Avant de céder sa place et de « ramper sans fardeau vers la mort », il n'a qu'un seul souhait, le caprice ultime de sa toute-puissance, mettre la vérité et les sentiments en jeu : « Dites-moi, mes filles, laquelle d'entre vous nous aime-t-elle le plus ? » Telle est sa question. Deux d'entre elles, peut-être sincères mais politiques à coup sûr, récitent les tirades laudatrices et attendues. Il presse la cadette, Cordélia sa préférée, de bien répondre pour lui donner une part plus opulente qu'à ses sœurs :

— Que pouvez-vous me dire ?

— Rien.

Le roi ne sait plus ni voir ni entendre. Les eaux usées du discours ont beau l'empoisonner, il veut une fois encore, une autre dernière fois s'en abreuver, la vérité lui échappe, la folie lui tend les bras. Il s'appelle Lear, un des plus fameux rois de théâtre. La célébrité, mauvaise fille de la connaissance, est monochrome comme l'ombre portée.

Ce jour-là, l'agitation est grande à Avignon, l'ex-président des États-Unis, Barack Obama, est là pour quelques jours de vacances, les chauffeurs de taxi ont fait leur choix : « Vous comprenez, monsieur, dans la cité des Papes y en a pas un qui a été foutu de venir depuis trente ans que je fais le taxi, c'est leur cité tout de même. Avec la venue de M. Obama on gagne au change… Ah lui, il a la classe. » Élu du peuple et non de droit divin, il avait le magnétisme et presque l'autorité d'un roi. L'espoir qu'il suscita se dilua dans les alambics du pouvoir, désormais il n'était pas fou comme Lear sur la lande, mais délesté d'une charge trop lourde. Dans la cour du palais des Papes, en sujets admiratifs, nous voulons l'apercevoir. Je répète *Architecture*, une pièce de Pascal Rambert, l'histoire d'une famille broyée par le monde, sabordée par son chef, le roi d'un empire industriel qui prend ses fils pour ses vassaux. Une énième façon de revisiter Lear. Le soleil est rude et on nous a donné des chapeaux. Les gradins de fer sont vides, la scène est longue au pied du mur lisse et gris du palais. D'un grand trou noir, l'entrée des artistes, surgissent des gros bras à oreillettes, une petite foule les suit, ce sont les courtisans. Au milieu d'eux, le roi Obama et la reine. Élégants et félins, à leur grâce naturelle s'ajoute le charisme de la fonction, du souvenir. Il nous fait un signe, nous sommes comme des enfants. Les rois impressionnent, parfois d'autres révulsent, Trump a succédé à Obama, Bolsonaro règne sur le Brésil ; du sang de la misère, des rois font de l'or. La vieille démocratie enfante des monstres, peuples et souverains s'abreuvent à l'auge du mensonge. Tout me ramène à Lear – l'époque, mon âge et mon métier. Quand je répéterai, je serai devant un poème dramatique, légende et silence, que je devrai muscler pour lui donner formes et traits.

Dans l'après-midi, il fait frais dans le hall de l'hôtel La Mirande, à deux pas du palais des Papes. On y festivalise et criticaille, ça parle beaucoup. Je dois rencontrer Lavaudant qu'on appelle Jo, un surnom court comme ses phrases. Son corps se dresse, cerné d'une pensée muette, d'une multitude d'émotions attentives ; ses grands yeux s'obstinent à ne rien regarder et à tout voir, ils sont bleus et bons et pourtant ils tranchent. Je veux jouer Lear, il veut me mettre en scène, c'est tout et c'est tout. La conversation ne veut pas se faire, on grignote des chips et quelques mots. Lear est sur nos landes, le vent est sa voix, les embruns ses larmes, la mer hurle contre les flancs de la terre, le monde se tait.

— Tu verras, ça ira très bien, nous allons le faire.

Lear n'a pas été accroché au portemanteau des vanités. On verra en chemin.

Sur les ronds-points, les pauvres gens enfilent des gilets jaunes, les dorures monarchiques de la Cinquième République s'écaillent, les pouvoirs causent, la Terre surchauffe, devant le palais de l'Élysée, notre jeune roi serre très fort et longtemps les mains d'autres souverains, un ours, un porc, quelques hyènes ; Obama, lui, écrit ses mémoires, la reine Elisabeth collectionne toujours les chapeaux abracadabrants et Boris Johnson mal coiffé ne veut plus de l'Europe. On raconte qu'en Chine, un virus tue et voyage. Très vite, il s'installe et paralyse le monde. Le bec moins long qu'au temps de la peste, les masques sont sur tous les visages, ils effacent le sourire des jeunes filles. Les rues sont désertes, dans les bois autour des lacs parisiens on écoute mieux les oiseaux. À l'heure du crépuscule, on applaudit à la vie, ces héros, les médecins et leurs armées. Les charlatans pleuvent et leurs miracles tuent. La télévision dramatise et les théâtres ferment, Lear doit attendre.

Je le rêve, le pense, le vois, le perds ; il alourdit mon ombre et mes pas, ma voix rudoie et berce ses vieux mots, je les avale et les accouche. De l'usure du temps et du corps, seul apparaîtra sur le plateau ce JE qui est un autre, cet autre qui est un Lear. Roi d'un jour, d'un moment de répétition. Le personnage de théâtre flotte sur l'étoffe des rêves, la nuit lui donne et lui retire l'existence.

Nous répétons enfin. La Covid a tué puis s'est assagie, bas les masques. Le monde qui s'était rêvé différent retrouve ses postures, comme le vieux Lear, il compte et prie, massacre et pille, il a peur de son passé, de son présent, de son avenir, il court nu sur la lande, le vent gonfle ses joues sous les flèches du tonnerre, le moule de la nature se fracasse.

Sur le plateau, une chaise est un trône, une table une taverne, un comédien un roi, l'éphémère notre saison. Jo ne hausse jamais le ton, son cœur fatigué ne veut plus, à quoi bon, Lear, lui et moi avons le même âge, comme François Marthouret qui joue Gloucester. Tandis qu'il se parle à lui-même dans un petit carnet qu'il consulte à tout moment, je gribouille des mots-clés sur ma brochure. Nous savons qu'avec Lear, nous sommes en délicatesse avec la vie. Une fleur nous arrête, un sourire nous échappe. Lear, le dieu de Michel-Ange collé au plafond de la Sixtine, nous pointe du doigt, nous plaque à la nuit, dos à la vie. Les répétitions progressent, Jo avance en taureau sur le plateau, sa lenteur est puissante, soudain il s'arrête, il ne déplace pas les acteurs mais les enveloppe comme la mère lange l'enfant, impressionniste il travaille par touches, ne froisse ni ne plie le drap des fantômes, il sait que Lear, sa cour et sa famille sont parmi eux ; Jo reconnaît dans la lumière encore incertaine de la scène l'haleine des âmes mortes. Jo parle avec les mains, les yeux, le cœur grand ouvert ; avec lui, les dieux et les rois ont l'âge dans les yeux, des gueules qui puent la vieille vie. On travaille à hauteur d'homme, dans la taverne du deuxième acte, au bistrot avec nous tous, Lear m'a volé ma voix et mon manteau, je suis nu comme la mouche sur la table, pattes minces, ailes au repos. Lear rôde tel un mouvement de foule, chaque soir, à heure fixe, il aura quelques heures de ma vie en pitance. Chaque soir, il sera différent ; un mausolée dont on fleurit les pieds, un homme pareil aux autres, comme les insectes dont les méchants princes arrachent les ailes. Le vieux roi est seul, Shakespeare exclut son fou, mauvais plaideur de la raison et des jeux éventés du pouvoir. Le vieil homme, comme Jo, François et moi, est frêle, la folie guette toute fin et « la vie de l'homme ne vaut pas plus que celle des bêtes ». Pourtant par là-bas, à en croire les visages apaisés de la mort, comme les mains de Jo, les rivages sont doux, la vanité a fait naufrage, tout n'est qu'amour sans dieu ni maître. On ne dit jamais assez aux gens qu'on les aime.

Il s'appelle Grand Rocher, Big Rock, on faisait des nattes de sa crinière blanche, il adorait ma femme et Penélope Cruz ; elles lui flattaient l'encolure et lui donnaient des carottes, il leur faisait un câlin et après tout, moi, piètre cavalier, il m'aimait bien. C'était un vrai ami.

Les branches des arbres agitées de haut en bas par le vent saluaient l'après-midi qui s'en allait. Le ciel virait émeraude, les nuages bruns précédaient le désert ocre de l'horizon. Une ville scintillait au loin comme un long collier de pierres précieuses au cou de la nuit. Le vent tombait, la lumière était un souvenir, l'univers redevenait noir.

Dans le pré tout proche, il dort debout d'un sommeil léger, dit-on, sa robe grise le couvre, attire la faible lueur d'une lune invisible. Il est andalou, même au repos il soigne sa mise, l'encolure haute, le chanfrein bas, rebelle et fier, la crinière au repos, longue et ondulée, frôle son œil grand ouvert, un nid sombre de douceur et de secrets. Hier, il a bien travaillé ; la monture de Don Juan est son rôle. Grand et fort, c'est un cheval gris, peau noire poils blancs lui donnent une couleur de pierre. Son nom : Big Rock. Il m'observe, j'avance vers lui, comme celui de ses frères, son regard est opaque et doux ; quelques instants flotte un tendre silence. Je lui parle et le flatte, ses naseaux se frottent contre ma main. Une histoire de quarante-deux siècles unit les chevaux et les hommes. Soumis à la couverture et au baudrier, destrier ou animal de trait, domestiqué à tout coup, aimé parfois, il distingue la main qui accompagne de celle qui punit.

Il se rebelle : certains le comprennent et le calment, d'autres le cravachent et le matent ; quelle que soit l'attitude des maîtres, le peuple équin, sûr de sa force, reste bon, la noblesse est son territoire. Big Rock est un « cheval d'acteurs », dit de lui Mario, le grand maître des chevaux du cinéma. Il leur a appris l'indulgence envers « les comédiens, ces étranges animaux » dont le métier est de faire semblant. Certains piètres cavaliers, le temps de quelques séquences, donnent l'illusion d'être cow-boy ou mousquetaire. Big Rock me pardonne une main parfois trop raide, des rênes mal ajustées, des jambes tremblantes et serrées. Il est au travail, ne proteste pas, n'en pense pas moins et s'efforce lui aussi d'être beau. Aujourd'hui, nous devons être donjuanesques, chasseurs et chassés ; le pas danse, le trot s'envole, le galop tempête, la tête scande des courses folles, se penche, se relève, fend l'air comme la hache le bois. Le ciel est clair, le soleil pâle, le vent levé, la mer moutonne ; des roches noires aux niches argentées enserrent la longue plage où nous tournons. Big Rock et moi sommes heureux ce matin ; au grand galop sur la plage, les jarrets dans l'écume des vagues, Don Juan rejoint Sganarelle et deux jeunes paysannes, Charlotte et Mathurine, qu'il lui tarde de séduire. À l'autre bout de la plage, la caméra. Big Rock gonfle ses flancs, secoue son harnachement, frappe le sable d'un sabot, soupire et s'impatiente comme un acteur, il sait son entrée en scène imminente. Mes mains et les rênes lui font la conversation, une pression infime, un mot chuchoté nous rassurent, traqueurs ensemble, cabots complices, quelque chose de Zorro et d'ancestral nous unit. Les mégaphones annoncent que le plateau est prêt. Big Rock piaffe, je le flatte, il se calme et se tend. Mario a demandé de faire le clap très doucement pour ne pas effrayer notre ami. Un machiniste s'approche, murmure l'annonce : « Don Juan 41, première prise », le clap est à peine perceptible. Big Rock, d'un bref tremblement de tout son corps, nous secoue. Le machiniste, par talkie-walkie, reçoit le feu vert, oublie toutes recommandations et hurle :

— Partez !

Big Rock hennit, se cabre, la gueule calée contre le mors m'embarque dans un triple galop de légende… À la peur subite succède une joie émue, gamine, Big Rock est mon copain, la plage une cour de récré, Big Rock fonce tête baissée à bride abattue, je fuis le monde qui me chasse, je suis Don Juan, le rivage, la longue fin du XVIe siècle, mirage et miracle me saisissent, ma monture et moi sommes scellés, j'ai la main juste, la monte princière. Comme un couple amoureux serré l'un contre l'autre, une dernière valse me prend les reins, son allure en mesure se réfrène, imprime sur le sable les galops de la grâce.

— Coupez ! On la double par sécurité.

Big Rock est trempé, sa robe luit, son encolure a blanchi sous le harnais, pieds à terre je lui parle, lui donne un morceau de sucre, il veut me faire un câlin, mon habilleuse me houspille :

— Il va tacher ton costume !

Ma femme s'approche, comme hier et demain elle va le détendre, il l'a choisie. La tête dans le creux de son épaule, sa longue crinière se mêlant à ses cheveux, ils marchent côte à côte et parlent en confidence. La scène reprend, nous sommes de nouveau au départ, Big Rock paraît calme mais sitôt le clapman apparu, il s'élance plus fougueux encore, très fier d'avoir compris. Cinq cents kilos de muscles entre les jambes tressautent, le monstre se révolte, il est maître quand il le veut : je ne suis pas un cavalier, je ne suis plus qu'un comédien qu'il remet gentiment à sa place.

La pause déjeuner a eu lieu après une longue promenade avec Christine, Big Rock, le museau dans la mangeoire, savoure son foin.

La cantine est dressée dans le désert d'Almeria, célèbre décor des westerns-spaghettis, de *Lawrence d'Arabie* et de tant d'autres chefs-d'œuvre. Notre vieux chauffeur – qui fut celui de Clint Eastwood et Sergio Leone – évoque les contes et légendes de *Pour une poignée de dollars* ou *Il était une fois dans l'Ouest.* Il avise l'horizon désert, ses brumes poussiéreuses de chaleur.

— Vous voyez, ici il y avait une petite montagne. Elle gênait M. Leone alors ils ont fait venir des centaines de camions avec des canons à fumée. Ça marchait bien, on la voyait plus. Mais après, ça gênait vraiment pour faire passer le train alors ils l'ont fait sauter à la dynamite… Il n'y a plus de montagne maintenant.

Depuis ce matin, les illusions croisaient les paradis perdus, vérité et mensonge ne faisaient qu'un. Une jeune débutante dont on commence à parler, Penélope Cruz, et une comédienne reconnue, Ariadna Gil, nous ont rejoints. Elles appréhendent la scène de cet après-midi : Don Juan à cheval passe de l'une à l'autre, les enlace, les serre de très près. La scène a été répétée avec un cascadeur, le ballet est en place et Big Rock appliqué. Je lui chuchote à l'oreille que je compte sur lui et lui offre un bout de carotte. Aime-t-il Penélope et Ariadna ? Je ne le conduis plus, il semble les inviter à danser, se courbe, frotte l'encolure contre leurs décolletés, des traînées de sueur blanche tachent leurs poitrines gorgées de soleil, il se retourne au piaffé, arrondit son corps, entame un galop ralenti, il danse la prise, Pégase s'envole. La grâce d'Ariadna et Penélope s'entremêle au pas piqué de Big Rock. Les robes écarlates et vert amande se soulèvent, des mains fines les retiennent, le vent s'engouffre dans la danse, les cheveux font des lignes noires dans l'air, nos héroïnes virevoltent, apparaissent et disparaissent au gré du vent ou des songes. Il n'y aura qu'une prise, bénie des dieux, dira le chef opérateur. Big Rock est applaudi, sa patte avant dessine lentement un pas espagnol, il dit merci. Penélope, beauté brute et douce à l'énergie élégante, veut accompagner la balade de Christine et Big Rock. Les trois s'éloignent, Big Rock n'est pas tenu, sa tête cherche son tendre repaire, l'épaule de Christine, parfois il se redresse – sans doute jette-t-il un regard vers Penélope. Nul ne saura jamais ce qu'il pense, le vent est frais, l'air est plus doux, le soleil tendre, les trois amis s'éloignent dans le désert d'Almeria. Je crois plus que jamais à la puissance de la douceur.

Pascal, même du Café de Flore, nous écrit du bout du monde, il a piqué les semelles de vent d'Arthur Rimbaud… Mon premier Avignon avec lui et… Obama !

Nice est un grand balcon qui donne sur la mer. Avec ses quartiers ocre, rose et jaune, ses ruelles serrées qui cherchent l'ombre, ses terrasses bruyantes, ses odeurs de fruits, de fleurs et de pissaladière, Nissa la bella est italienne du haut de ses toits aux galets de ses plages. La liberté en plein air se fredonne comme une aria de Verdi, celle qu'on entend par folles bouffées à l'Opéra au bout du vieux Nice et face à la mer.

Je venais de Paris, d'un quartier qu'on oublie, n'aimais guère le soleil et ne jurais que par la Bretagne. Tout restait à faire, mon nid, des amis, diriger le théâtre de Nice où je venais d'être nommé. Là-bas, il y avait un poète, un rebelle qui écrivait des pièces. Pascal moderne et les yeux bleus, Jacques classique et les yeux bruns, une quinzaine d'années nous séparaient. Il fumait de tout, moi pas, buvait beaucoup, moi aussi. C'était un oiseau rare, aveugle et sans pattes qui pouvait crever à force de voler ; il fallait le saisir, refermer ses ailes, le poser sur une terre tendre quelques heures arrachées au ciel. Il traînait dans les coulisses du théâtre, pâle, maigre, mort de faim, de soif, d'amour, de poésie ; le théâtre était sa foutue planète.

Son grand sourire est gentil, il me touche. Un rendez-vous est pris. Le pastis abreuve nos sillons, les labours de deux vies opposées. Ça cause fort, ça rit, ça se tait... ce silence bavard comme une pie nous rassure. Ça repart, on aime les pâtes, on déteste la betterave et la droite municipale, on aime les mots des pauvres gens, ceux de Shakespeare et Raymond Devos, Gigliola Cinquetti, Brel, les jeunes filles à bicyclette, Molière, Beckett, Hitchcock, John Wayne et l'omelette à la poutargue qu'on ne peut manger que deux mois dans l'année (les œufs de poisson sont précieux). Il me confie que sa maison est ouverte à tous, les clés sont sous le paillasson en permanence. Je pose mon verre puis, ma voix dans les graves, je deviens patriarche, vieux con qui ne croit qu'à la réussite sans savoir laquelle. C'est plus fort que moi, je sens que Pascal a besoin de moi comme moi j'ai besoin de lui.

— Pascal, si tu veux écrire, créer, progresser, avoir pour métier « auteur », il faut te préserver, te couper parfois du monde pour mieux l'écouter. Je hais les conseils et ne te dis qu'une chose...

Je prends un temps, je sens qu'il y a des détails qui n'en sont pas, que, si on les déplace, les efface ou les rajoute, comme Turner créant un soleil d'un point rouge dans ses brumes portuaires, on touche du doigt le derme de l'existence...

— Pascal, ne mets plus jamais tes clés sous le paillasson ; désormais, on frappera à ta porte !

Il sourit, nous trinquons sans savoir à quoi mais l'instant est beau.

Devant nous la Méditerranée, un paquebot s'éloigne pour la Corse, plus près de nous les voiles colorées voguent, parfois s'envolent, le temps est azur et l'horizon est blanc.

Les années ont passé, mer souillée, côtes dévastées, villes détruites, peuples meurtris et affamés, le bassin méditerranéen n'est plus le berceau de notre civilisation, les fossoyeurs ont grand ouvert le ventre de la mer. Le monde vieillit mal et chacun fait son chemin. Pascal est un auteur confirmé, moi un comédien reconnu ; pendant des années, nous ne nous sommes pas vus, comme si un rendez-vous avait été pris de longue date et pour plus tard, après le beau chemin de la vie.

Décidément, il n'aime pas que je balade en coulisses mes mollets de septuagénaire nus, la silhouette engoncée dans une robe de chambre marronnasse. C'est une faute de goût car Pascal exige l'élégance, le respect de tout lieu où travaille la vie. Le respect, cette forme résistante d'amour inconditionnel pour la nature, ces civilisations, ces dieux, ces faunes et ces hommes. Pascal a la légèreté raffinée de Fred Astaire, furtif et silencieux, ses vastes ailes de papillon se posent sur les champs fanés du monde. Parfois, je ne sais quel reste d'art martial le tend comme un arc, les jambes plantées dans le bois de la scène il est prêt au combat, sa voix chantante enfle et vibre, toute proche du cri de samouraï. Oui, Pascal a changé. Je ne peux pas le ranger chez les metteurs en scène ou chez les auteurs contemporains, toutes ces appellations contrôlées filtrantes d'où le poète s'évade. Pascal voyage sans cesse, il a un visa de courtoisie – j'ai découvert cette jolie expression récemment en Algérie, pour la planète et ses satellites. Son théâtre est « africain » comme le premier homme qui vient de là-bas, ce pays où la magie opère et la raison s'égare. Pascal est silencieux, surtout quand il vous bombarde son amitié tendre à coups de texto. La conversation n'est pas son terrain, la contemplation le préserve et le consacre, dénicheur du sacré des êtres et du temps. Pascal ne dirige pas, son cœur lui a désappris. Pascal a enfilé la soutane, comme dit Flaubert, son grand frère mystique de l'écriture. Il boit du thé sélectionné délicatement, mange légèrement, l'expérience venant, ne s'impose plus une hygiène de vie mais se voit assigné à sa table d'écrivain par une philosophie de l'existence qu'il a choisie. Notre poète a une veste bleu nuit sur mesure, un tee-shirt à col en V, la pomme d'Adam saillante, enfin un jeans aux bords relevés, sorte de frise blanche et stricte.

Le canotier était obligatoire à Avignon, il était choisi et rejoignait le strict nécessaire avec grâce. Un jour, un grand jour, il m'attendait ; il attendait de me recevoir pour mes premiers pas sur la scène de la cour du palais des Papes dans *Architecture*, sa dernière pièce. Il s'est levé, son sourire prenait toute la place, ses bras grands ouverts se sont refermés sur moi avec la vigueur d'un ours. L'ours de Jean Renoir dans *La Règle du jeu* pataugeant dans la tendre détresse des hommes. Et puis nous nous sommes assis au soleil, nous souvenions-nous des pastis d'il y a vingt ans ? Quelques mois plus tôt, une méchante tumeur avait voulu ma peau, j'étais un survivant maladroit et mon nombril prenait trop de place, il était aux aguets. Il taisait son angoisse par des mots tout simples, un sourire suivi soudainement d'un regard d'aigle, gris comme la lame, azur comme l'azur, un regard qui m'intimait d'être vertical et d'échapper à la complaisance. J'étais frappé par cet amour donné, partagé avec tous, qui restait inflexible, discrètement dur. La direction d'une troupe me renvoyait alors à la direction d'une société, cette architecture qui devrait être celle des peuples. Je pensais aussi au passeport de Pascal, tamponné de partout, faisant de ces pages un moucharabieh où le ciel n'est plus qu'une multitude de points. Je pensais à l'État du Bhoutan où il existe un PNB, Produit national bonheur. Alors j'allais mieux, jouer Pascal c'était être là où le souffle s'affole, c'était ne plus mourir mais renaître, se taper la tête contre les murs du sacré.

« Pourquoi un chien, un cheval, un rat ont-ils la vie et plus toi ? » Shakespeare. C'était mon frère, un très grand bonhomme que j'aimais.

Bernard est mort hier soir. Une phrase courte et éternelle, la sidération, puis le soulagement que la souffrance ne soit plus mêlée à la sensation physique du tragique de l'existence. Les larmes et soutiens des amis apaisent. Souvent on dit : « Les mots sont impuissants et vains », pourtant c'est aujourd'hui et tout au long désormais de cette absence définitive, qu'ils sont les plus forts, qu'ils disent et rappellent. Ces derniers jours, un dimanche ensoleillé, frères, nous nous sommes retrouvés main dans la main… J'ai tant regretté que ce geste ne nous soit venu qu'une fois la mort annoncée, ce moment où je ne pouvais plus rien dire et lui plus rien entendre. Alors, c'est à ceux qui lui ressemblent, les hommes de liberté, et à ceux qu'il a toujours combattus, les dévergondés du privilège, que je dis : Bernard fut mon frère, un frère, un maître, un exemple, un modèle. De mon enfance où nous partagions notre chambre à ces derniers temps, Bernard m'a toujours rappelé à l'ordre ; le vrai ordre, le bon, pas celui infecté dans lequel le monde se précipite. Il m'a rappelé ce qu'était la fraternité, ce mot des frontons républicains galvaudé, oublié. Car philosophe, poète, dramaturge, écrivain, Bernard était avant tout un combattant, un homme qui voulait détruire la misère, affronter ceux qui parlotent, qui affirment, qui méprisent et finalement tuent les pauvres gens, les immigrés, les réfugiés, les handicapés, les prisonniers de ce grand peuple de misère qui, faut-il le hurler sur tous les toits, représentent plus de la moitié du monde.

Dans notre chambre d'enfants, il priait à genoux sur son lit, missel en main, et moi je lisais *Tintin*... À cette époque, il croyait en l'Église des pauvres, très vite l'histoire le fit déchanter. Plus tard, il crut au communisme, écœuré là aussi des détournements qu'il subit, il trouva, loin des religions et partis officiels, le parti de l'action, celui du terrain, la fraternité d'égal à égal, garante de la liberté. Il me parla un jour de philosophie active. Ses grosses pognes, que lui et moi tenions de notre papa, souvent tachées d'encre, mettaient la main à la pâte. Sachez-le, messieurs les cyniques que j'abhorre, vous qui traitez de Bisounours, d'inconscients, pour ne pas dire de crétins, des gens comme Bernard, que la poésie, la littérature, la philosophie qu'il enseignait dans les prisons, chez les plus démunis, ont sauvé des vies, élevé des esprits, réchauffé des cœurs glacés par l'oubli. Il aidait à penser dans la jungle des cités, à marcher dans ce désert de l'esprit où l'on cantonne esclaves et victimes. Quand cessera-t-on de se révolter uniquement contre l'insécurité, le larcin, les vengeances tragiques et sauvages du désespoir ? Quand nous révolterons-nous de cette capture de plus de la moitié du monde par le cynisme bouffi des drogués de l'argent et du pouvoir, ces navrants utopistes si sûrs de leur légitimité, si sûrs que leur empire est plus solide que la planète des hommes ?

Quand réapprendrons-nous à lire, le cœur battant, jamais résignés, nos grands philosophes, auteurs et dramaturges cités et joués à tout bout de champ et qui restent impuissants, pire, les enjoliveurs des bonnes consciences. Pouvons-nous continuer de lire *Les Misérables* dans les écoles, y enseigner que c'est un chef-d'œuvre et nous habituer aux désastres de la pauvreté ? Croirons-nous encore longtemps que certains naissent voyous, criminels, intégristes, immigrés ? Comment peut-on croire de tels mensonges sans être complice du saccage de l'esprit et de la planète ? Abolir la misère, clamait Hugo ! Abolir les mensonges odieux des religions de toutes sortes. Au petit Palestinien on apprend qu'Israël est le pays du diable, au petit Israélien que la Palestine est l'horrible ennemie. Le mal est là, cruel et difficilement réparable. Quant à nos « valeurs françaises » assujetties au cours de la Bourse, quand arrêterons-nous de les brandir comme les crucifix de l'Inquisition ? Je suis un privilégié, est-ce pour cela qu'aux yeux de certains je dois « la fermer », accepter déjà le silence des tombes ?

Je suis d'une génération où la grande Simone Signoret nous appelait jusqu'à point d'heure pour aller manifester devant l'ambassade américaine contre une guerre du Vietnam si loin de chez nous. Je ne suis plus français, nous ne sommes plus français mais terriens. Aurions-nous oublié Copernic ? La Terre n'est pas le centre de l'univers et nous ne sommes pas le nombril du monde. « Frère en Dieu de tout ce qui vit, de la girafe et du crocodile », écrivait Flaubert.

Bernard détestait l'ignorance des démagogues de tout poil. Il était un taiseux ronchon avec les salauds ;

conteur, lecteur, diseur, l'instit dont on se souvient à la fin de nos jours. Il ne débattait pas avec des éléments de langage et autres grossièretés. Bernard était un bon géant qui aimait la vie, les fleurs, les arbres, les alpages, la mer et les hommes. Son regard vous scrutait sans a priori, vous souriait. Il m'a souri une dernière fois, ses yeux bleus étaient plus clairs, l'infini y cherchait sa place, je n'ai pas su lui dire « je t'aime tant », emmitouflé dans le chagrin et déjà dans la mémoire. Je me souviens qu'il aimait Giono, comme lui il noircissait des cahiers d'une écriture fine et retenue. Sans doute y retrouve-t-on les plages et les ballons perdus de notre enfance, la rudesse des marches de montagne quand nous étions devenus des grands, les griffes de ronce et les piqûres d'ortie, les feux de camp des cœurs vaillants, leurs hautes flammes, les jeux de foulards et déjà les révoltes et les amours qui brûlaient et trempaient le corps entier. Plus tard, quand nous étions devenus des adultes, dans ses courtes visites à Paris, il ne disait jamais non, commentait une recette de cuisine, un texte de Spinoza, lisait les vers d'un réfugié, la prose d'un prisonnier de longue peine, il souriait, tristesse nue, soucieux de ne pas appauvrir un moment de tendresse. Il partait au petit matin, laissait des croissants et brioches qu'il avait achetés aux premières heures du jour, il avait écrit un petit mot pour chacun, l'écriture était de plus en plus fine, nous devions la décrypter pour la lire aux enfants. Ses cahiers sont ceux du vent qui nous pousse, nous dérive et nous chavire, nous échoue aussi.

Il est des crépuscules qui ressemblent à l'aube.

Ce n'est pas un jour comme un autre, Robert Hossein prépare sa générale.

Fenêtre sur cour, même lorsqu'il faisait beau, la cuisine où ma mère passait de longs après-midi était morne, un air gris imprégnait le mobilier jusqu'au bouquet de fleurs posé sur la desserte de la cuisinière. Elle buvait le thé accompagné du reste de gâteau du dîner de la veille. Son métier, c'était maman. Avec les recettes recopiées à la main dans des cahiers d'écolier, elle constituait les repas avec amour et dévotion, reprisait les chaussettes sur un œuf en bois, de la boîte à couture elle tirait une bobine de fil pour recoudre des ourlets. Le temps passait. Parfois, elle s'interrompait et feuilletait des magazines, avisait les conseils pratiques de *Modes et Travaux*, recevait le « poids des mots, le choc des photos » de *Paris Match*, se captivait pour l'histoire des princesses et des rois de *Point de vue Images du monde*. Petit, j'étais très amoureux de Paola, la princesse de Belgique, et comme Maman, je trouvais très gentille la reine Fabiola venue d'Espagne, mais qu'il s'agisse de la voisine de palier, de Tante Simone ou de la boulangère du coin de notre rue, la princesse Grace de Monaco ralliait tous les suffrages. Elle était la plus belle, la plus simple, la plus élégante, mère de trois enfants dont deux adorables petites filles, Caroline et Stéphanie. On en oubliait le paradis fiscal, le nombre de policiers et de Rolls égal à celui des pigeons. Les princesses des cours européennes faisaient rêver leurs peuples. La guerre froide faisait si peur : la Russie de Nikita Khrouchtchev et l'Amérique de John Kennedy, opposées dans la crise de Cuba, brandissaient la menace nucléaire. Alors ma mère baissait la radio, revenait à ses magazines, regardait distraitement les photos du bal des débutantes présidé par Grace de Monaco. Son sourire distant qui s'adresse à chacun, son cou paré d'un simple collier de perles, sa robe de satin blanc nacré, ses pas glissés entamaient une valse invisible avec le temps, qu'elle apparaisse et une légende faisait ses premiers pas.

Les années passent. Un général deux étoiles s'est retiré à Colombey et écrit ses mémoires. Pompidou lui succède, il vient de la banque. À la télévision, on trouve qu'il grossit anormalement, on dit qu'il est malade. Une professeure, Gabrielle Russier, refuse qu'une histoire d'amour soit interdite avec son élève, on la condamne à la prison, elle se suicide. Pompidou, interpellé à ce sujet, cite Paul Éluard. Le président aime la poésie. Le Vietnam est brûlé au napalm, des Américains de vingt ans y massacrent du « Viet » au nom du monde libre, beaucoup reviennent amputés ou fous. Plus tard, des Khmers rouges de quinze ans massacrent leur propre population au nom de la révolution.

Pompidou meurt d'une longue maladie, Poher, président du Sénat, assure la transition, la bataille pour l'Élysée est engagée. Giscard, homme de banque lui aussi, invente un slogan : « Oui, mais ! » Chaban-Delmas parle d'une nouvelle société, Marchais, bon camarade, fait rire la France, Mitterrand construit l'union de la gauche et Stéphanie et Caroline de Monaco ont grandi.

Tandis que l'une rebelle, l'autre officielle font la une de la plupart des magazines, Mitterrand n'a pas le privilège du cœur et perd les élections. Au Portugal, les œillets fleurissent et Salazar est renversé, Nixon se noie dans le scandale du Watergate, la princesse Grace assiste aux défilés des grands couturiers.

Un bureau massif, un sous-main usé, des dossiers empilés sont éclairés par deux fenêtres qui donnent sur la rue, le soleil parisien se dilue dans la poussière de la pièce. Derrière une lampe de notaire, Robert Hossein est à son poste, nous sommes à quinze jours de la première de *Crime et Châtiment*. Directeur du Théâtre de Paris, il est accroché au téléphone, caquette, grogne, feule et brame, charme et menace, envoûte à tout coup.

— Je vais te montrer comment on fait une salle de générale ! Tout Paris sera là pour te voir.

Sa voix blessée se faufile entre la supplique et le compliment, la réjouissance et le désespoir feint.

— Jean-Paul, mon ami (Belmondo)... Ne me dis pas que tu ne peux pas venir !

— Maria (Callas), ma chère, ma grande amie, on vous aime, on vous aime tant... (la voix se brise, deux trémolos, il enchaîne :) C'est impossible que vous ne veniez pas ! (Il me regarde, sourire énigmatique et prédateur... le vampire de Düsseldorf !) Et puis Weber qui joue Rasko (Raskolnikov) est dingue de vous... Je vous le passe !

Maria Callas, déesse mythique de l'art lyrique, qui réinvente chaque note comme le printemps fait renaître les fleurs, la Callas est là au bout du fil ! Mon cœur fait boum, je me revois en culottes courtes près de ma maman écoutant *Norma* sur un disque La Voix de son maître. Je me dis que César lui-même n'a pas refusé de parler à Cléopâtre.

— Bonjour, jeune homme, je suis heureuse pour vous que vous jouiez un si beau rôle...

La voix est impérieuse, sculptée et polie, chaque phrase est architecturée. Parfois d'une interjection, de la tombée d'un mot apparaissent la solitude et le regret des heures éblouissantes.

— ... On ne peut pas combattre le trac, il faut l'accepter, le bonheur d'être sur scène est plus fort, c'est une chance. Il ne faut plus penser avant d'entrer en scène mais respirer, respirer, n'oubliez pas de respirer... Les premières passées, venez prendre un thé à la maison, nous parlerons de tout ça.

Le ton s'attriste comme au bout du voyage, l'oubli est devenu son unique compagnon. Tout m'étreint...

— Merci... oui, oui bien sûr... je serai si heureux, au revoir, madame...

Je crois bien avoir entendu le cœur simple d'un monstre sacré, échoué sur un dernier rivage.

Robert est de nouveau au téléphone :

— Allô, ma chère Grace, ma si chère amie, sans vous la soirée sera ordinaire et sans éclat, pour tous les acteurs vous êtes une reine, mais aussi l'actrice magnifique d'Hollywood, d'Hitchcock...

J'entends un rire lointain... Robert lève le pouce en signe de victoire... Il raccroche.

— Elle vient !

L'attachée de presse coche le nom sur la liste.

La générale a lieu devant le grand monde que je dois oublier, la salle est noire, un seul taureau, un souffle, une charge, le berceau des cornes qui m'attend. Après la représentation, on doit se retrouver à L'Orangerie, le restaurant de Jean-Claude Brialy, prince charmant du Tout-Paris, sémillant, généreux, drôle, ami de tous et de chacun, il papillonne de table en table, les rumeurs tintent à l'unisson des coupes de champagne. La table d'honneur m'attend... Robert est à ma gauche, sa femme à ma droite, je suis en face de Grace de Monaco, en tailleur gris perle, un trait d'or fin au cou, une montre au bracelet de satin noir, une agate au doigt, elle est belle et simple, en majesté.

— Bonsoir, Jacques, et bravo !

Elle ôte ses lunettes, me sourit. Est-ce le pouvoir des princesses de faire croire à leurs courtisans qu'ils ont leurs faveurs ? Est-ce moi qui rêve que tout est flou autour de nous, la grâce comme un ange nous couvre de ses ailes. Les échanges d'abord protocolaires deviennent poliment conviviaux. La représentation est évoquée, forcément remarquable, et Dostoïevski oublié en chemin. Un ami de la princesse, cardiologue, nous parle des interventions sur les cœurs d'enfant aussi petits qu'un bouchon d'eau minérale. Il nous passionne mais les regards des uns et des autres ricochent sur l'onde mystérieuse des conversations. C'est sûr, la princesse m'apprécie et je suis en pâmoison devant elle.

Robert :

— Grace, il faut se faire un déjeuner entre nous avec Jacques, loin des mondanités, c'est un timide…

— Pourquoi pas ?

La réplique est tout aussi légère et courtoise que tendre et amusée ; adressée à tous, je l'estime pour moi seul.

La soirée s'achève et le rendez-vous est pris.

Le chauffeur de Robert, sans casquette ni cravate mais en perfecto, santiags et piercings, vient me chercher.

— Nous allons chercher la princesse chez elle, Robert est en retard, il nous rejoindra au restaurant.

Habillé comme un sou neuf, aurait dit ma maman, je sonne à la porte des appartements de la principauté. Un Nestor à gilet rayé me reçoit.

— Monsieur ?

Pris de court et de tachycardie, je réponds :

— J'ai rendez-vous avec madame Grace.

— Son altesse sérénissime est occupée, qui dois-je annoncer ?

— Jacques Weber.

— Laissez ! Bonjour, Jacques, comme je suis heureuse de vous revoir.

Nestor se retire, elle me tend la main ; le baisemain se pratique-t-il en intérieur ou en extérieur ?

Nous rejoignons le chauffeur de Robert qui ne se lève pas de son siège à l'arrivée de la princesse. Je me précipite pour lui ouvrir la portière et elle s'installe ; impatient, je la referme, son chignon prend un coup et s'affaisse légèrement. Le temps de m'exclamer « Oh pardon ! », sa robe reste coincée. Je libère le tissu, d'un geste elle remet tout en ordre avec un mince sourire. Transi, je fais le tour de la voiture et m'installe à ses côtés.

— Alors, où m'emmenez-vous ?

Elle réajuste sa coiffure comme si de rien n'était.

Le chauffeur est direct…

— Bah ! on va chez Lamazère, c'est pas loin, Robert vous rejoint plus tard.

— C'est très bien.

Je vis un naufrage et rêve d'un déjeuner entre copains. Au restaurant, le patron nous reçoit, complice et débonnaire.

— Ah Jacques, comment allez-vous ? Bravo pour le spectacle. Bonjour, madame. J'étais à la générale, c'était formidable… Vous l'avez vu, madame ? (Il ne lui laisse pas le temps de répondre.) Ah ! vraiment, ce Robert, il nous épatera toujours !

Son altesse sérénissime, impassible et complice, lance, avec une impatience très mesurée :

— Et si nous prenions un verre en attendant Robert ?

Le patron, sans se douter une seconde que Grace de Monaco est son hôte, s'exclame :

— Oh, pardon madame, bien sûr, je vous conduis au bar, on va s'occuper de vous !

La formule est gaillarde, l'accueil à la bonne franquette.

Au bar sombre et cosy, nous sommes seuls et trinquons ; sa coupe de champagne choque mon double whisky, le son cristallin et fragile augure peut-être les instants qui vont suivre. Dans ma tête, je me récite mon enfance, me revois pauvre chez les riches du lycée Pasteur, pantois devant les messes de couronnement commentées par Léon Zitrone. Je respire son parfum, sa main me frôle, son regard me caresse, elle est ma reine, je suis son Ruy Blas…

Dans ce bar à midi où mon sort se dévoile.

Je suis le ver de terre amoureux d'une étoile.

Ma princesse, j'en jurerais, se trouble de mon trouble, douce et d'une infinie tendresse, me fait la conversation, parle de « notre métier », Hollywood devient un faubourg de la Comédie-Française, Alfred Hitchcock et Cary Grant des camarades de jeu. Mais derrière les mirages et miracles de l'instant, quelque chose de plus rare apparaît et grandit. La nostalgie secrète d'une existence nue sans la pantomime des institutions, le fardeau des libertés désormais restreintes. Le vers de la reine de *Ruy Blas*, « Je ne puis même voir la liberté des autres », est au bord des mots et des silences, des lèvres et des cils de ma princesse. Le soulier de Cendrillon s'est niché dans mes veines. Grace est une belle inconnue, tenant haut le sacrifice d'être reine. Son sourire luit comme les soleils pâles derrière la bruine.

Robert arrive, c'est la haute mer, les histoires déferlent, les rires claquent, la joie se partage en gros gâteau d'anniversaire. De son côté, le patron a fini son service et déjeune dans son coin ; sans cesse, il relève la tête, fixe la princesse, circonspect. Comme des enfants, nous nous imaginons un voyage en bateau, rien que tous les trois, en mer qui sait où les eaux calmes et les tempêtes peuvent mener ?

Le patron nous raccompagne à la porte, se carre face à nous, d'un ton martial et conquérant assène droit dans les yeux de son altesse :

— Vous, on a déjà dû vous dire que vous ressembliez à la princesse Grace de Monaco !

— Oui, assez souvent, répond notre souveraine.

— Ah oui, et plutôt deux fois qu'une !

L'incident se clôt sans commentaire.

Robert propose sa voiture avec chauffeur.

— Je vais rentrer à pied. Jacques, vous voulez bien m'accompagner ?

Paris est soudain en noir et blanc comme un cliché de Doisneau, ça sent le métro, balance Gabin, les cendres de la clope de Prévert tombent sur mes chaussures, Paul Fort me souffle : le bonheur est dans le pré, cours-y vite, il va filer. Grace me prend le bras, nous remontons les Champs-Élysées… l'Étoile est encore loin, très loin.

Il a choisi Reims, la ville où l'on sacre les rois ; pourtant, Jeoffrey de Peyrac est un brigand au grand cœur plus proche des peuples que de la cour.

Chef de meute, solitaire, beau et sauvage, apeuré et faisant peur, paré des légendes les plus anciennes, comme le loup il fascinait. Son hurlement exténué, cette voix caressante et blessée étaient de ceux qui restent affamés toute leur vie. La soif et la faim chez lui ne devinrent jamais quête de l'opulence indigeste de certains mais inexorablement celles d'une spiritualité d'abord sauvage et désordonnée trouvant sur le tard tout son sens dans la foi en Dieu. C'est Jacques Villeret qui m'a convaincu à ma sortie du Conservatoire de rencontrer Robert Hossein. Soixante-huitard mal dégrossi, j'avais des réticences devant l'un des plus illustres représentants du vedettariat. Sans enthousiasme, je croyais rencontrer Jeoffrey de Peyrac, le séduisant balafré de *La Marquise des anges* ; je découvris un Cartouche, un Flandrin, un voyou ou un prince de grand chemin. Il pleurait ou bramait le russe, feulait le français, le loup avait des yeux de biche, se collait les crocs sur la barbe à papa. Les spectacles qu'il me proposait m'apaisaient et me terrorisaient comme les premières lectures des contes de l'enfance.

Ce fut une longue aventure dans la ville où l'on sacrait les rois, où un ange souriait sous le porche de la cathédrale. À Reims, dès les premiers jours, le combat fut rude, la star faisait peur à certains, Robert le rouge, l'homme d'un théâtre populaire effrayait les autres. Nous allions dans les lycées, les supermarchés, les universités, les usines et les hôpitaux. Robert était là, tendu, attentif, prêt à l'assaut mais surtout tout ému par les foules et les hommes de tous horizons. C'était là, et c'est encore à mes yeux, l'essence d'un théâtre populaire dont rêvait et qu'a réalisé Robert Hossein. Meneur d'hommes et enfantin, naïf et malicieux, politique et rebelle, Don Juan et Roméo, enchaîné et déchaîné : Robert avait un lien violemment et tendrement émotif avec le public. Il ne pensait pas pour lui, il pleurait avec lui. Quand Robert nous dirigeait dans *Crime et Châtiment*, il n'avait jamais les yeux secs et la voix froissée telle l'étoffe des rêves. L'urgence était son rythme et parfois son défaut : il abrégeait les mots et, n'en pouvant plus, s'exprimait par gestes, borborygmes ou onomatopées :

— Oh la la les gars, quelle qualit d'emos !

Traduction : quelle qualité d'émotions.

Robert, vertical et à mains nues, opérait à cœur ouvert, grâce à lui nous franchissions le cap Horn en entrant en scène, entre cour et jardin s'engouffrait le grand large. Il concevait aussi une école, conscient qu'elle seule pouvait le remettre en question, qu'à l'école de théâtre des gamins jouaient des rois et se frottaient au sacré. Combien d'entre nous l'ont suivi, pas toujours contents de ses colères, de ses excès mais toujours saisis par la grâce indéfinissable de ce qu'on appelle « un diable d'homme ». Le diable… Les flammes de l'enfer l'ont brûlé un jour sur le bord d'une route de Provence. La voiture était couleur du ciel, ils allaient se marier, elle s'appelait Michèle, ils s'aimaient, c'était une élève de son école… Le diable sous un camion l'a immolée sous les yeux de Robert. Il était le passager qui doit désormais affronter le reste de sa vie autrement. C'est là, je l'ai toujours pensé, que le sacré qui depuis toujours le hantait, trouva sa forme et ses traits. Je ne suis pas croyant mais ce jour-là, j'étais tout près de Robert, murmurant comme me l'avait enseigné ma maman : « La vie est plus forte. » Elle le fut. Robert, rétabli, me dit :

— Avec tout ça, nous jouerons encore mieux…

Ce jour-là, j'ai compris quelque chose des « choses de la vie ».

Robert avait désormais la chance d'avoir la foi, cet ultime doute si précieux. Il décida d'être baptisé et me demanda d'être son parrain. J'ai accepté avec fierté. Puis il y eut tant et tant d'aventures, le Théâtre de Paris où il logeait et vous accueillait à poil comme il disait, puis le Marigny, le Palais des Sports, celui des Congrès, Hugo, Jésus et la Révolution française… Justice et démesure, fraternité et liberté étaient toujours au programme. Un jour, une dame m'accoste dans la rue :

— Monsieur, j'adore le théâtre !

— Ah ! c'est formidable et gentil de me le dire, mais qu'avez-vous vu ?

— Tous les spectacles de monsieur Hossein.

— Et puis ?

— Je ne vois que ses pièces !

Cette opinion en dit peut-être plus que les comptes d'apothicaire du succès.

Et puis Candice son épouse était là désormais ; elle serait toujours là, elle serait l'amour d'une vie, le cœur du cœur, au cœur d'une foi nouvelle et partagée. Ensemble, ils ont gravi les marches du temps sans jamais oublier ce lien si fraternel avec un vrai public populaire. Robert Hossein a participé grandement à l'aventure théâtrale contemporaine, au-delà des goûts et engagements de chacun, le loup a constitué une meute géante, des millions de spectateurs l'ont suivi, des milliers ayant trouvé la porte du théâtre grande ouverte ont eu envie de théâtre, d'autres théâtres, de livres et de culture. Les théâtres ne s'opposent pas mais entretiennent tous à leur manière une pensée active, tissent la toile du réel et des rêves, nous aident à croire sans dieu ni maître que l'avenir retrouve un sens et ses sens. Je vous aime, grand homme, tu nous as aidés. Utopique ? Oui ! encore et toujours, mais l'utopie reste l'élégance insolente de l'avenir.

Certes, les âmes mortes vous accompagnent, vous délaissent et vous retrouvent, mais il y en a que vous ne laissez jamais partir. Serge, mon premier agent, est de celles-là.

Sur l'allée trop étroite du bord de l'étang, les papys flânent, les joggers courent, les chiens pissent, les ballons roulent, les enfants gambadent. C'est dimanche, il fait beau. Les canards sont indifférents ; le colvert mâle porte beau, la cane, étrangeté de la nature, n'a nulle parure, ses petits qui suivent, disposés en triangle comme la patrouille de France le 14 Juillet, ont un plumage duveteux aux reflets gris et marron ; leur majesté redonne droit au silence si ténu de la nature. Les colverts et les canards d'Estaires à plumage blanc m'attirent vers les voyages invisibles de la pensée. Au tintamarre dominical se substitue le calme des étangs de Ville-d'Avray que je savourais avec un ami, un soir de juin, il y a si longtemps… Il s'appelait Serge, était marié avec Marie Dubois ; elle était actrice, aussi gracieuse qu'enthousiaste, aussi espiègle que de bon sens, comme Bourvil dans *La Grande Vadrouille*, elle me séduisit et m'émut.

J'ai connu Serge, en 68, il est devenu un de mes maîtres et amis. Au siècle dernier, Paris était survolté et bavard, le monde se pensait autrement, « Sous les pavés la plage », dans la rue Gay-Lussac, le boulevard Saint-Germain, on rêvait de l'imagination au pouvoir et on mettait à mort l'argent roi. Chacun voyait sa révolution comme midi à sa porte et les gens de théâtre débattaient sur leur avenir ; Shakespeare était notre contemporain le matin, un révisionniste l'après-midi. Une ou deux barricades de plus et, c'est sûr, le théâtre serait enfin populaire ou ne serait plus. Dans une assemblée des têtes d'affiche du théâtre privé, j'ai rencontré Marie Dubois, présente comme beaucoup d'autres sans trop savoir pourquoi. Tombé sous le charme, je voulais la revoir ; Mai 68 devenait un bon prétexte, marxiste léniniste déclaré, je me devais d'être convaincu et convaincant, de sauver cette actrice de la culture bourgeoise !

Le rendez-vous fut pris devant le palais de la Mutualité. Je me fis beau, adieu la révolution, je pris mon costume mariages et enterrements, de la Bronzine Molyneux pour me donner bon teint… Mon destin s'avérait incompatible avec la destinée nationale. J'attendais l'héroïne de Truffaut, c'est Serge qui est apparu, taille moyenne, un imperméable noir, les mains dans les poches, un grand regard franc et bleu :

— Bonjour, je suis le mari… de Marie… (Il sourit.) Elle nous attend avec quelques amis au café.

Les amis en question étaient les stars du moment attendant, circonspects, mon analyse marxiste du vedettariat. Pour couper court aux sarcasmes de me découvrir en costume cravate, j'annonçai sur le ton du révolutionnaire insensible que je revenais d'un enterrement. La rencontre fut brève, Marie attentive, les camarades réservés ; quant au mois de mai, il fut suivi du mois de juin.

C'est avec Serge que je suis devenu ami, comme moi il était comédien. Nous nous donnions rendez-vous devant les étangs de Ville-d'Avray pour marcher. La lumière basse caressait le bord de l'eau, le calme était doux, nos pas, plus nombreux que nos mots, mêlaient leurs petites notes de musique aux chants de l'onde, du vent et des oiseaux. Sous la voûte du crépuscule, nous parlions à voix basse. Un soir, il m'annonce que Gérard Lebovici, son ami, lui a proposé de travailler avec lui dans son agence artistique. Il hésitait à cesser un métier où, me confessait-il en souriant, il avait donné la réplique à Jean Gabin ; il aimait le mot juste, à la volatilité du commentaire il préférait une marche avec un ami.

Nous nous taisons longtemps, nous regardons, écoutons, sentons.

Il dit :

— On les appelle aussi les étangs de Corot.

Puis il se tait. Quelques mots posés, un trait de pinceau qui change le regard, vous guident sans contraindre, l'infini est au creux du chemin. Le ciel est à l'eau, les arbres de la rive s'y impriment, on y verrait nager les oiseaux.

— Le métier d'acteur change trop vite, la compétition, le marché abîment tout, naguère on s'amusait entre copains, jouer prenait tout son sens. (Son sourire se met à rire.) Les déconnades de Belmondo et Brialy, c'était une autre façon de voir la vie… Et puis je ne suis pas sûr d'être vraiment un acteur…

Un saule pleureur se penche, nous salue au passage.

— J'aime mieux regarder qu'être regardé… J'avais cette impression de les regarder, le peu que je jouais avec Jeanne Moreau ou « le vieux » ; remarque, c'est une bonne façon d'aborder la comédie… regarder ! Mais j'ai envie d'être de l'autre côté… enfin, j'hésite… M'occuper de jeunes acteurs, les aider… à pas trop déconner ! Tu serais l'un des premiers que je représenterais… Mais j'hésite encore… Qu'en penses-tu ?

Le calme si calme de l'étang attend ma réponse.

— Si tu hésites et te poses la question, c'est que tu n'es pas un comédien. Je crois que c'est une maladie de l'âme incurable… tu es en bonne santé !

J'ai parlé comme le mort de soif avale un verre d'eau.

— Tu as sans doute raison… Tu sais ce que me disait Gabin : Sois très avare de ton regard, ne le donne surtout pas chaque fois qu'un metteur en scène te le demande. Si tu es en bas de l'escalier et qu'en haut tu dois voir un meurtre ou ta môme dans les bras d'un autre, baisse la tête et donne tes mirettes juste pour découvrir le bazar ! Oui, j'aime ce métier.

Je repense à Gabin, les petites astuces du métier et la vérité d'un géant… Des brindilles craquent sous nos pas. Des plantes d'eau dérivent, j'imagine le pinceau langue de chat du peintre.

— Il y a un tableau de Corot à La Colombe d'or qui représente un champ sous un ciel d'orage, chaque fois la sensation d'une pluie imminente me saisit.

— Ah, tu connais La Colombe d'or ? On y retrouvait Montand et Signoret avec Marie, Lino Ventura faisait la pasta. C'est bien de déjeuner avec un Picasso, un vrai, devant soi, ou le bruit mécanique d'une sculpture de Tinguely... Oui, le Corot, as-tu remarqué la couleur du ciel d'orage ?

— C'était le vert ?

— Oui. As-tu déjà vu un ciel vert ? Ça n'existe pas... C'est ça, l'art de la lumière du chef opérateur comme du peintre... et qui sait, de l'acteur...

Derrière son beau sourire, il sait quelque chose et en doute avec exigence et noblesse, celle de l'authenticité. La suite appartient à l'histoire de notre métier. Pourtant, toujours loin de l'entregent diplomateux, il ne fut jamais courtisan. Des plus célèbres aux oubliés, des plus chevronnés aux débutants. Il réconfortait, agaçait aussi par son inaltérable marginalité à notre monde, cette façon tendre et lente d'affronter les dangers du résultat comme si la chose qui doit se faire ne se bouscule pas mais se protège, comme s'il n'y avait qu'une urgence : être un homme avant tout. Le tintamarre de notre métier ne pouvait l'abasourdir, le silence, cette partition impalpable des mots, c'est cela qu'il aimait. De nos grandes et petites fausses et vraies amours, de nos vanités et mesquines adversités, il savait quelle était la part du sincère ou de l'excès. Il accueillait sans un mot le lendemain d'une aventure ou nos aventures sans lendemain.

Le monde, il ne l'aimait plus guère avec son fatalisme narquois, son injustice, sa misère acceptée, ses voleurs de mémoire et leur goût obscène du roman national. Derrière sa gentillesse, il y avait, discrète et ferme, la résistance et le combat ; il était du côté des mots des « pauvres gens » dont parlait Léo Ferré.

Villeret, Dussollier, Arestrup, Marthouret, Huster, Depardieu, Baye, Bonnaire, tant et tant n'avaient pas un agent mais un sage à leur côté.

Un jour que j'entrais dans son bureau, il me chuchota :

— Tu as vu les jeunes dans l'entrée, le gars en salopette et la petite aux cheveux courts, tu verras, ils font un truc formidable dans un café-théâtre… Ils ont des surnoms rigolos : Coluche et Miou-Miou.

Il ne disait jamais « je vais les prendre chez moi » mais « je vais leur demander s'ils veulent bien travailler avec moi ».

Les derniers temps, nous ne pouvions plus aller nous promener, ce salaud de cancer s'était invité. Il regardait par la fenêtre et me disait :

— C'est encore plus beau maintenant de regarder un arbre.

Son regard s'éloignait au fond de lui, puis s'exclamait faiblement :

— C'est dommage, on n'aura pas eu le temps de faire la révolution !

Sa vie n'est plus, mais sa mort non plus. Sur les étangs de Ville-d'Avray, le ciel d'orage est vert et le soleil bleu.

Comment nous sommes-nous rencontrés ? « Comme toujours, par hasard », mes premiers pas sur scène. Festival d'Aix-en-Provence. Un grand monsieur de l'opéra a passé dans ma vie.

L'école de voile est fermée, les enfants dorment, l'heure rose s'étire.

Sur la plage étroite, des optimistes avec leurs courtes voiles dans la brise matinale dansent un petit air de fête. Les fortifications et les clochers de La Rochelle chargés d'histoire cadrent la grâce de l'instant. Autour des terrasses désertées, les mouettes guignent quelques miettes, un fêtard dort à côté d'une pizza entamée. La fête s'est dissoute dans les vapeurs de l'aube ; comme deux silex l'air et le temps se frottent, la ville attend que la journée prenne feu. Dans quelques heures, on consommera autant d'Heineken et de frites que de décibels et de musique ; on fera la queue pour le glacier et le concert. Dans le bombardement des sonos, badgés comme à l'hôpital, à la queue leu leu on attendra dans le ruissellement des sons et des mots un « quelque chose » qui fait du bien. La planète est KO, les forêts s'embrasent, le soleil brûle l'eau, on climatise le désert pour les amateurs du ballon rond, les pôles verdissent, les glaciers suent, la terre se ride ; la horde des hommes fait l'autruche, les mots mitraillent, balles à blanc, les pouvoirs mentent à bout portant, les poètes aboient, la caravane passe.

Les Francofolies chantent à tue-tête au bout du quai ; un homme chante, le nez sur sa guitare, lèvres sur son micro, les yeux sur rien ; il balance le menton à la foule, c'est un signe, le public entame le refrain. Un rappeur tend le bras en avant, l'agite en forcené, le pouce tourné vers le bas, comme les Romains les jours de cirque, il réclame la mort. Un chien maigre, un yaourt avarié, un pack de bière à ses côtés, un homme, la voix carbonisée par la rue, s'accompagne à l'harmonica ; une pièce tombe dans le chapeau posé devant lui. On s'enchante coûte que coûte, les mots s'accrochent aux notes comme des naufragés à l'étrave. À l'époque de la DS Citroën et des cabines téléphoniques, je suis figurant au Festival d'Aix-en-Provence. Avec son cours Mirabeau et sa cour de l'archevêché, ses fontaines et ses opéras. Je « joue » un laquais dans *Don Giovanni* de Mozart ; Gabriel Bacquier interprète Don Juan. Sous sa gueule de chef-d'œuvre – un vrai César de la Cannebière –, une chemise d'été flotte sur son petit ventre de joueur de pétanque. Il lance le cochonnet, tire, pointe, mesure avec une paille l'écart des boules litigieuses, rouspète pour de faux, rigole pour de bon.

Dans les loges, c'est encore ce bonhomme jovial sorti tout droit du Bar de la Marine. Je suis en coulisses, « maquillé tête faite », l'opéra a commencé, un homme est à mes côtés, corseté, perruqué, il plaisante encore, entre en scène, l'accent des calanques ne chante plus, il est Don Juan. Port altier, sourire carnassier, ses désirs brutaux guident le chant, la voix a des formes rondes, son timbre est cuivré, clair, chaque note gravée dans le corps de la musique. Il sort de scène :

— Tu es bien, petit ? Ça te plaît ?

Théâtre et réalité rejoignent leur camp. Hors de scène, le papé de l'Estaque est poudré en rhingrave à mes côtés.

— Reste là, petit, regarde-le, lui ! Le chanteur, là-bas avec sa radio, est un très grand ténor. Il vient d'Amérique du Sud, il ne peut pas s'empêcher de suivre la Coupe du monde de football ! Écoute-le bien quand il chante Don Ottavio, c'est un miracle !

Gabriel Bacquier me parle tout bas, attentif et gentil, guettant sa prochaine entrée de « grand seigneur méchant homme ». Don Ottavio, c'est Luigi Alva, illustre ténor mozartien de noir vêtu, un catogan de satin gris dans les cheveux. Des écouteurs aux oreilles, le poste de radio contre son gilet de soie brodée, il trépigne, ses mâchoires se contractent, ses lèvres s'affolent, il débite un long commentaire passionné et muet, étouffe un « goal ! goal ! » interminable. Quelques accords de harpe montent de la fosse ; il relève la tête, pose ses écouteurs et son poste de radio, se signe et entre en scène ; le fou du foot est déposé en coulisses, la musique – « deux petites notes qui s'aiment », disait Mozart – s'empare de lui, son chant funambule flotte et s'envole, s'affole et se pose, pousse le cœur sur le fil étoilé de l'horizon. Le legato murmure et parle haut, caresse le public, le transperce aussi comme d'un coup de stylet.

Bien des années plus tard, sur la place d'un village provençal, un homme de grand âge digne et droit comme un sénateur romain attire mon attention.

— Pardonnez-moi, monsieur, mais vous me faites penser à un grand chanteur d'opéra, M. Gabriel Bacquier.

— Mais jeune homme, je suis Gabriel Bacquier.

Le vent souffle légèrement, nous découvrons, surpris, que nous avons vieilli.

— Ah, c'était toi le petit à qui j'ai dit d'écouter Don Ottavio… Tu te souviens, j'avais raison, on ne savait jamais quand il prenait son souffle, on ouvrait le robinet et hop, la voix coulait et ne s'arrêtait jamais.

La mémoire est vive, de ses yeux bleu fané éclot un sourire, une fleur, une pensée mauves au cœur blanc. La voix encore bien au chaud, il ne chante plus. Il y a trente ans, c'était l'un des plus grands barytons au monde. Un homme de quatre-vingt-dix ans, chaque matin au seuil de la vie et de la fin, se souvient qu'il fut Don Juan mort dans les flammes comme ses jeunes années.

En thérapie, de la bonne télévision. Un grand rôle bien ouvragé, une très grande rencontre bien charpentée avec ma metteuse en scène Emmanuelle, désormais mon amie.

Ce matin, un SMS : une photo, les vacances, un large sourire à trois, un p'tit chapeau, quelques mots rigolos, des visages amis et la vilaine page des infos du matin se tourne. La photo, comme le peintre, saisit la vie en train de disparaître, la définit autrement pour celui qui contemple, regarde l'œuvre ou le cliché. Portrait d'une femme aimée, d'un grand-père mort au front, instantané des joies ou des misères, le moment n'est jamais perdu mais toujours retrouvé. Entre ce qui est reçu et celui qui reçoit, la vie est dans l'air. Nous respirons encore, il s'en faut de peu, l'effroi nous guette, la terre bleue comme un ballon d'enfant roule sur une plage sans horizon ; la marée est basse pour longtemps, dans l'ombre de nos jours flâne la fin d'un monde.

Quand les yéyés chantaient *Wap-dou-wap* et *Da Dou Ron Ron*, dans la vieille Europe on parlait du tiers-monde, maintenant c'est comme le pastis chez Pagnol, un petit quart qui vit, un bon quart qui survit et un grand quart qui crève ; même plus de place pour un tout petit quart de fraternité. La dame au chapeau sur la photo, c'est Emmanuelle, une grande amie de courte date ; je la connais peu mais bien. Nous nous sommes peu parlé mais bien. Elle fait des films pour qui ? Pourquoi ? Je l'ignore et le sait-elle ? Dans son cinéma, l'homme est aveugle et doux, le cœur poids lourd cogne tout ce qui ne bouge pas. Nous nous étions rarement rencontrés, ce fut au Théâtre Déjazet, place de la République, à deux pas du Bataclan quelques jours avant… quelques mois après *Charlie Hebdo*. Nous jouions *L'Avare*, elle attendait à la sortie, son amie comédienne qui jouait avec moi nous présenta, les mots échangés étaient de convention, un sourire vaste et énergique les portait bien au-delà de leur sens. Seul sur le chemin du retour, je repensais à la comédienne, à la réalisatrice, à l'amie de l'amie qui m'avait salué, tout concordait : « c'est costaud humainement », me disais-je. Au compteur de la marguerite, j'aimais « beaucoup ».

Des années après Hollande et pendant Macron, après celui qui avait dit que l'ennemi était l'argent et celui qui n'a jamais dit qu'il n'aimait que les très riches, quelques mois après qu'*En thérapie* saison 1 eut été un succès, les producteurs me contactaient pour la saison 2 avec pour metteuse en scène Emmanuelle Bercot.

Je la revois sur le trottoir du Déjazet, simple, forte et gentille.

— Nous serions heureux que vous interprétiez le rôle d'Alain, il ne reste plus qu'à rencontrer Emmanuelle.

Le trac m'envahit, mon ventre gargouille, mon cœur tambourine dans sa cage, le bonheur de jouer c'est l'azur en Bretagne : coincé derrière un gros nuage. Le rendez-vous est pris dans une quinzaine de jours. Je reçois mes quatre premiers épisodes : Alain Abgral est un PDG convaincu qu'il faut être sûr de soi pour être un homme, un vrai, un chef ! Humain ou inhumain, mais toujours par nécessité. Depuis le Moyen Âge, chefs d'État, de guerre ou d'entreprise ne renoncent pas à l'armure, le défaut de cuirasse n'est jamais loin.

Au fil des épisodes, l'oignon est épluché, les yeux piquent, un homme apparaît, les brumes se dissipent, la falaise est à pic.

On a vu Bernard Tapie affaibli et sans voix, la mort lui a baissé la tête, fini la carapace des tortues géantes, le matamore des premiers et derniers cercles du pouvoir, il tremble et se bat, il perd et s'émeut ; il me touche pour la première fois et je pense à lui en refermant mon scénario.

Remonter le boulevard Pereire en plein été à vélo juste avant de rencontrer Emmanuelle, c'est grimper l'Alpe d'Huez. Le soleil et mon rôle pèsent des tonnes, mes jambes flagellent, je vais arriver rouge comme le thon cru, trempé du haut jusqu'en bas.

— Voulez-vous vous rafraîchir ?

Mon oui est inconditionnel.

— Emmanuelle va arriver d'un moment à l'autre, je suis son assistante.

Mon esprit est volage, je ne pense qu'à un bon pastis glacé. Elle s'éloigne, discrète, sensible, la voix et le regard amènes. La pièce est grande et blanche. Quelques chaises inconfortables, des bouteilles d'eau, les scénarios en éventail sur la table. Emmanuelle entre ! Elle se faufile par la porte entrouverte, la repousse délicatement comme un acteur arrivant en retard à une répétition. Elle n'est ni en retard ni en avance mais en avant, déjà vigilante, attentive en combinaison d'aviateur toute blanche, le visage tanné par le soleil. Les informations franchissent le mur du son : sportive et directe, élégante, la décontraction musclée ! L'un et l'autre, nous savons que les prochaines secondes, la poignée de main, les regards partagés sont déterminants. On dit des trucs et des machins, tout le fourbi d'une première rencontre ; il nous manque encore le bâton des sourciers pour dénicher la source vive où nous pourrons nous désaltérer.

— On se fait une lecture comme ça, sans jouer, ça ne veut rien dire, je sais, mais bon… Je commence.

Je m'étonne mais ne sais pas pourquoi, je me sens bien ; le texte me vient complice, sans à-coups. Emmanuelle me donne la réplique du psy, les anamorphoses des rôles, de nos fonctions et la part secrète de chacun font déjà apparaître un « autre », ce « je » du comédien qui n'appartient qu'à la magie de l'existence. Cet autre, c'est déjà un peu celui qu'on appellera Alain Abgral. Les répétitions avancent, le tournage approche, les indications précises se dilatent lentement, l'autre devient autonome.

— Jacques, souvent tu alternes une position courbée en avant et un balancement en arrière imposant ! (Son rire jaillit comme une fusée de fête foraine.) C'est important qu'on fixe les moments pour le cadre et le rythme, c'est bien.

Ce balancement est la clé de voûte de chaque épisode et de notre histoire. Nous n'en avons jamais fait l'analyse, Emmanuelle le sait : le corps nous trahit toujours. Doucement, elle me conduit ; la longe est invisible et le regard sourit, accepte et soutient mon rythme.

Son œil noir me regarde, je me suis emballé.

— Non, pas ta grosse voix, c'est ta voix de théâtre… enfin, ta voix est légère dans la vie. (Elle ajoute, effrontée.) Sauf quand tu n'es pas à l'aise !

Avec quelques mots, beaucoup de lectures, d'attention, nous sommes dans cet endroit étrange où la vérité orgueilleuse comme un chat, à peine saisie vous file entre les doigts.

Le premier jour de tournage, je suis triste et inquiet ; mon frère, je viens de l'apprendre, vit ses derniers jours. Le plateau ne me fait plus peur, au contraire, il devient le lieu paisible de mon existence loin de cette vraie saloperie de cancer, comme me l'a dit Bernard.

Emmanuelle est venue me saluer, je redoute les pleurnicheries, je respire, me calme et balance tout. Emmanuelle se tait, me regarde, fort, très fort, je crois bien que j'ai pensé à Jean-Paul Belmondo et Jean Seberg dans *À bout de souffle* : elle le regarde, il agonise, elle l'interroge :

— Qu'est-ce que ça veut dire dégueulasse ?

J'ai eu envie de dire Maman, de me serrer dans ses bras… et puis rien. Elle s'est levée, a fait un signe de tête :

— On y va ?

Elle comprenait que les mots trop souvent creusent le sillon des larmes sur les joues.

Le lendemain matin, David m'a emmené à moto à Reims, j'ai embrassé mon frère, la voix légère, le front lisse, ses yeux n'étaient plus là. L'après-midi, il fallait « jouer », le mot sonnait faux. Le tournage était très calme, comme recueilli, Emmanuelle regroupée, concentrée, tendue sur son cube devant le combo avec sa façon de se projeter dans la prise comme Usain Bolt sur la piste, me parlait par les yeux et tout se relâchait le temps d'un regard infini de tendresse. Je savais ce qui m'attendait ; l'effroi se mêlait à cette mixture des hasards auxquels on croit, ces horreurs que l'on souhaite, on joue avec comme l'alcoolique se met le doigt dans la bouche pour dégueuler. Alain Abgral, ce bonhomme de fiction, avait un frère comme moi, qu'il admirait follement comme moi, il était mort accidentellement, Alain culpabilisait comme moi, je ne pouvais rien contre le cancer de mon frère mais j'aurais pu et dû lui dire que je l'aimais.

Nous arrivions au récit de la mort de Michel, le frère d'Alain. Emmanuelle demande le moteur l'air de rien, combien ai-je aimé cet « air de rien » où tout est accueilli à bras ouverts. L'air de rien qui fait escorte à la majesté d'un moment. La scène se passait chez un psy, le regard de Frédéric Pierrot si tendre, semblait m'encourager à briser la dernière digue, à naufrager le texte pourtant si bien pensé. Un sanglot m'envahit, mon corps tressauta… J'ai crié de rage, comme si je m'adressais à je ne sais quelle chimère de la destinée :

— Ça va, ça va !

Et puis ? Et puis rien… Emmanuelle ne dit rien, la caméra tourne.

— Coupez !

Fourbu, je reprends mon souffle, tremble comme un cheval s'ébroue. Emmanuelle s'approche, pose sa main sur ma cuisse, ni fort ni faiblement, juste comme ça, sans me regarder.

Mon frère est mort et le tournage s'est conclu. Il avait fallu du calme et de l'ordre, un grand et unique silence pour dévisser le nombril sans que l'on tombe par terre ! Il avait fallu que je me penche en avant pour me confier et que je me recule sur le canapé comme pour me fuir et m'en sortir.

Le dernier jour, nous avons de concert convié l'équipe à un pot de charcutailles avec du bon rouge et sans verre en plastique ! Et puis nous avons promis de nous revoir.

Plus tard, j'ai reçu cette photo : notre Emmanuelle en petit chapeau avec son fils et un ami, pleine de bonheur et d'amitié. J'étais heureux, alors je me suis mis à écrire à ma nouvelle et grande amie.

Nous avons passé la route et avons eu trente ans ; maintenant nos cheveux sont blancs ; nous sommes nés quelque part la même année ; il chante, je joue ; une petite fugue traverse ma tête, le feu ronfle dans la cheminée comme Google, son dernier gros nounours de chien, on est bien, on est amis.

L'escalier de Lamarck-Caulaincourt descendait vers la mairie du 18e, montait vers le Sacré-Cœur ; entre l'austérité municipale et la pièce montée apostolique, des jeunes gens faisaient halte au cours d'art dramatique François-Florent, rue des Saules. Au rez-de-chaussée d'un immeuble bourgeois, une plaque de cuivre signalait le Studio Lambert. On ouvrait la porte ; sur la gauche, un bureau, celui de Georges Lambert, propriétaire et gardien des lieux ; devant, un escalier menait à une petite salle où François Florent encore jeune professeur dispensait ses premiers cours privés. Il avait quitté le lycée Carnot et son cours d'art dramatique du 17e arrondissement, suivi par quelques élèves.

Autour de la table du Maître, par rangée sur des fauteuils bien rouges comme dans les théâtres, les élèves attendaient tout de leur professeur et de la scène vide devant eux. Il y avait des blondes et des bruns, des brunes et des roux, le blé en herbe à foison. Un jour, un jeune homme bien droit posa sa guitare au bout de l'allée, fit passer sa sœur devant lui, s'installa et, le dos un peu raide, penché en avant, écouta. Elle, assise sur sa jambe repliée, ses bras posés sur le rang de devant, regardait alentour. Malgré leurs attitudes dissemblables, ils faisaient corps, un enclos invisible les séparait de nous comme s'ils étaient d'un autre monde. L'une était très jolie, l'autre l'était un peu moins aux yeux des garçons ; son attention timide et respectueuse aux choses et aux gens, parachevée d'un sourire malicieux, lui conférait une aura immédiate. Le mystère, l'allure nomade, la guitare attiraient l'attention. Très vite, au bistrot à la sortie du cours, on apprit qu'ils constituaient un duo musical, « Cat et Maxime », qui avait déjà enregistré un 45 tours !

Vint le temps du copinage, de la camaraderie, somme toute de l'amitié naissante. Cat abandonnait, Maxime travaillait assidûment. Dans *Intermezzo* de Giraudoux, son premier rôle fut le contrôleur des poids et mesures : il y était léger et mesuré, chanteur ou comédien, tout restait à contrôler. Maître Florent eut ce mot prémonitoire : « Tout finit par des chansons. »

Je me souviens d'une vaste maison familiale où il me convia, elle sentait les livres, le tabac, le bois d'une table ou d'un violon. Et puis il y avait la mère, grande et puissante ; derrière ses lunettes, de bons gros yeux pétillaient d'intelligence. C'est là que j'ai entendu sur l'électrophone familial *La Pendule*, un des tout premiers titres de Cat et Maxime, un des tout premiers disques de Maxime Le Forestier.

On s'est retrouvés, on s'est perdus de vue, chaque épisode est un souvenir, chaque souvenir une chanson : une brève histoire, un début, une fin, un refrain parfois.

Mon frère terminait ses études dans une chambre de bonne rue Saint-Jacques à Saint-Germain, où passèrent Verlaine et Rimbaud d'après la plaque de marbre et le concierge. Avec des camarades du cours nous nous y étions réunis. À l'époque, Maxime sans sa guitare ce n'était pas Maxime, elle était là près de lui dans sa housse noire : une belle étrangère en robe du soir. Nous causions, buvions, fumions, on attendait que le chanteur chante.

Maxime s'accorde, les ongles trop longs du vrai guitariste, la tête penchée, l'oreille tout près du chevalet, les doigts pliés grattent les cordes, lissent les frettes comme l'archéologue fouille la terre. Max cherche la justesse, cette harmonie du tout. Un de ses amis a écrit de très belles chansons qu'il aimerait nous faire découvrir, l'une s'appelle *Le Métèque*, l'autre *Ma liberté*, l'auteur c'est Georges Moustaki. Nous sommes les premiers à entendre un futur succès planétaire ; Serge Reggiani n'est pas encore celui qui nous bouleversera avec *Ma liberté* et *Ma solitude*. Maxime, superbe et généreux, magnanime et séducteur, nous offre une avant-première. La lumière restreinte de l'unique lampe resserre la chambre autour de l'artiste. Ses yeux, au gré des premiers accords, recherchent le regard des jeunes filles.

— « Avec ma gueule de métèque, de juif errant, de pâtre grec et mes cheveux aux quatre vents... »

Il chante et nous rêvons.

— ... « Avec ma peau qui s'est frottée au soleil de tous les étés et tout ce qui portait jupon... » (Le regard de Maxime butine.) « ... je viendrais boire tes vingt ans… » (Se pose…) « Et nous ferons de chaque jour toute une éternité d'amour… »

Don Juan caresse le corps chaud de la guitare ; douze cordes sonnent minuit : ma petite amie retire sa main de la mienne, son désir s'éloigne. Entre deux chansons, je pars chercher des cigarettes, au retour leurs regards se touchent, leurs lèvres se frôlent. Ils sont au paradis, je suis au purgatoire.

Le temps passe, la barbe pousse, les cheveux aussi. Les foulards indiens flottent, les fleurs éclosent sur les jeans, le mouvement hippie est né. Sur la scène du Palais des Congrès, Maxime Le Forestier, le chanteur de toute une génération, triomphe. Il est grand et très droit, chevelu comme disent les cravatés et les bondieusards. Il est très barbu, le regard strict quand il sourit, la bonté goguenarde et gentille déferle du bout des yeux au bout des lèvres. Le corps est un peu raide ; lui qui n'aime pas les militaires est pour le maintien de l'ordre : le sien ! Mesure et justesse sont ses maîtres mots. Jean-Sébastien Bach fugue à l'heure du goûter ; tendre, il écrit « Mais c'est joli quand même ».

Le public est aussi sur scène, la salle comble chante, bat des mains, la chienne de Maxime, Misère, est à ses côtés, l'oreille attentive elle ne bouge pas. Son maître marque la mesure du pied, elle plus rarement avec sa queue.

Même vieux, les chiens nous quittent trop tôt. On ne les oublie pas, on les remplace par d'autres chiens ou par un chat, d'autres laissent le vide s'imposer. Maxime a choisi les chiens qu'il appelle souvent Monsieur chien.

Tous doivent un jour ou l'autre garder le moulin, vieille demeure tourangelle riche de petits bois sombres et de campagnes blondes. On y vient à pied, à cheval, accessoirement en voiture. Il suffit de passer le pont, Fabienne, Maxime et Monsieur chien reçoivent leurs amis à bras ouverts, accueillent les ânes des voisins, font des chansons, du miel, des grandes flambées près d'une cuisine gargantuesque. « L'Homme », c'est ainsi que l'appelle Fabienne, tient le haut bout de la table. « La Femme », c'est ainsi que l'homme appelle Fabienne, veille qu'un festin réjouisse petits et grands, matin, midi et soir. Maxime recharge le feu avec attention, agite la braise, des flammes enveloppent le bois. Des souvenirs flottent dans l'air réchauffé. Maxime monte son cheval blanc sur l'allée ombragée qui longe une rivière, Hannibal, un gentil colosse de chien, impérial et placide, a posé son cul sur le chemin du retour. Maxime, selon le précepte de son maître d'équitation Nano De Oliveira, à la recherche constante de la légèreté, les mains en grande conversation avec les rênes, est droit comme la sagesse, son pas a l'allure de ses chansons. Il ne tance pas Hannibal mais le salue et le contourne, chasser le roi chien de son trône eût été une révolution. Faris, le cheval blanc, et Radamès, le bai, sont arrivés au paradis des chevaux. Aujourd'hui, l'écurie est devenue un atelier de musique, il complète l'antre de Maxime qui est avec la cuisine le cœur et l'âme de la maison : un piano, un bureau de bois, quelques guitares, beaucoup d'électronique, de grandes fenêtres qui donnent sur les bois et les champs. Le soleil s'étire, se fixe, on écoute du Brassens, du Le

Forestier, du Messiaen. Je ferme les yeux, des flûtes d'orgue tissent les rêves, le soleil se retire, Fabienne prévient que le dîner est prêt.

Un autre soir, je viens de perdre mon papa, je suis chez Maxime – c'est toujours le soir quand on perd son papa. Nous évoquons théâtre et chanson, il « fait court » et je « fais long », il avance par anecdotes, il n'affirme pas, il laisse à penser, c'est un cavalier classique, il ne ferme pas les portes de l'avant-main ou de l'arrière-main, la pensée comme le cheval seraient tristes. J'évoque une chanson de Brassens, orphelin à trente ans, et la mort de mon père ; Maxime se tait, accorde sa guitare, me regarde et chante, sa bonté me réchauffe.

— « Tant qu'à perdre tes parents, petit, n'attends pas d'être grand. »

J'ai baissé les yeux, ma tristesse captive d'une chanson et de l'amitié.

Un autre temps, un autre soir, je dirige le Théâtre du Huitième à Lyon, j'y ai programmé mon ami. À ma demande, un vrai faux arbre d'un décor de théâtre est installé dans la salle, on l'éclaire quand Maxime entonne un de ses grands succès, *Comme un arbre dans la ville*. C'est candide, une momerie qui nous réjouit. Je suis assis avec le public, Maxime sait que j'aime chanter, que j'ai été plus souvent à l'Olympia qu'au théâtre ; il interrompt son orchestre :

— Où est le directeur ?

Le public se tourne vers moi, Maxime insiste, je file au bar, avale du whisky à la bouteille, le public frappe des mains en cadence, il me rappelle, je m'enhardis et monte sur scène : Maxime fait signe à son orchestre qui attaque l'une de mes chansons préférées : *La Folle Complainte* de Trenet. Maxime me donne la mesure avec sa main en me tapant sur l'épaule, l'orchestre comme une grande main me serre contre lui ; les cuivres et les cordes glissent entre mes reins, « un Pullman », me dit Maxime, m'emmène chez Trenet…

— « Je n'ai jamais aimé la mort et me suis toujours demandé pourquoi j'étais distrait… »

Sur la scène, la vie fait rage, l'orchestre semble grossir comme un gros nuage bleu. Le public est ravi, on se lance dans un rêve évoqué la veille tard, dans une nuit sans eau minérale : interpréter le « Bon appétit, messieurs » dans *Ruy Blas* de Victor Hugo, comme du rap accompagné par l'orchestre. Jean Schultheis, qui n'a pas encore écrit *Confidence pour confidence*, donne le tempo à la batterie à l'unisson des tempêtes du « grand crocodile » (c'est ainsi que Flaubert appelait Victor Hugo). C'est à cette époque que nous concluons un pacte : chaque fois que l'un de nous deux va voir le spectacle de l'autre, il est tenu de faire trois critiques précises et sans apprêt.

Le printemps passe pour tout et tous, les paons font la roue, les charognards festoient, les dindes ne fréquentent pas que les basses-cours. Bien plus tard, une rose a vécu ce que vivent les roses, très vite elle a dû limer ses épines et perdre son parfum. Dans ce monde trop mal et trop vite vieilli, nos peaux ont fané et nos cheveux blanchi mais au fil des ans, je n'avais plus à respecter le pacte conclu. Maxime est devenu un maître, un grand homme de la chanson. La raideur de naguère est l'élégance d'aujourd'hui, la voix est ronde et la bonté s'y pelotonne, l'émotion n'a plus peur, à quoi bon ? Il chante mains en bas et le pied ne taloche plus la mesure. Je pose encore des lapins, il répond toujours présent, il sait faire d'une visite d'amitié un moment qui ne s'oublie jamais, comme le refrain d'une belle chanson.

C'était un soir de novembre chez Gianni, un resto d'amis et d'acteurs, de ritals, de pasta et de limoncello, Maxime est venu sans sa guitare fêter l'anniversaire de Christine, ma femme – j'étais rassuré car je suis encore un peu méfiant depuis l'époque de la rue Saint-Jacques ! Vient le moment des cadeaux, Maxime se lève, dit simplement :

— Voici mon cadeau.

Mains en bas, à voix nue accompagné par son fils à la guitare, il chante *Restons amants*. Christine avec sa pudeur, et moi sans jalousie, étions si touchés.

Comme disait notre maître Florent, tout finit par des chansons.

Je n'aime guère le ou les grands barbus dès qu'il s'agit de religion, mais j'aime l'expression qui sent le granit d'un fort breton, le chêne d'une table du Moyen Âge : De par Dieu ! Ça sent Hugo, Dante et Shakespeare et ça va bien à Gérard.

Un lustre après la fin de la guerre, la France sort de convalescence, elle frissonne encore. La santé défaillante de Roosevelt, la pleine forme de Staline, le mépris pour ce général deux étoiles de trop grande taille ont laissé des traces, la conférence de Yalta a mal tenu ses promesses. Le monde est coupé en deux. Un ours fait peur, l'oncle Sam toujours un peu cow-boy et impérial fait front. En 1949, le Pacte atlantique est signé, la vieille Europe se rassure tandis que naît Gérard Depardieu. Comme tous les petits Castelroussins, très vite le bambin fume sa première Lucky Strike avec les guys de la base américaine de Châteauroux. Je suis de la même année et très vite aussi, je fume mes premières Gauloises dans les latrines d'un patronage de cœurs vaillants. L'un et l'autre avons grandi, comme le disent affectueusement les grands-mères, il a du mal à parler, j'ai du mal à écrire. Pour le rééduquer, on lui conseille d'écouter Mozart, puis il prend des cours d'art dramatique, il enfourne Racine, Musset, Molière, Hugo sans indigestion, les déguste avec des baguettes chinoises. Moi, je suis chez Florent, fais de la figuration dans des opéras de l'enfant prodige, je dévore Molière à la louche et Musset à la petite cuillère. Le temps passe. La France a rendu – ou perdu, selon certains – l'Algérie, elle remâche ses antagonismes coloniaux, accueille ceux qui brutalement quittaient le soleil d'Alger la blanche. Autour des villes, on construit vite et mal des dortoirs sans bistrots. Dans la précipitation, la vanité du boom économique, la France vieillotte perd ses repères. On parle de nouvelle cuisine et le Café de la Gare ouvre ses portes. Devos et Fernand Raynaud ne sont plus seuls, Bedos et Coluche apparaissent, Patrice Chéreau signe ses premières mises en scène. Dans le hall du Conservatoire national où Balmer, Dussollier, Villeret et moi jouons au football avec une balle de tennis crevée, une sorte de Viking fait irruption, ses cheveux blonds agités par un mouvement de tête impétueux, sans colère et sans crainte, boxeur du temps qui passe. Nous nous disons bonjour : on parle dans le métier de lui et moi, nous le savons. Je joue *Tchao !* avec Pierre Brasseur au théâtre Saint-Georges, lui *Une fille dans ma soupe* avec Bernard Blier au Théâtre de la Madeleine. Son regard dégrafe la robe de l'air. Quelque chose est nu depuis qu'il est entré. C'était la première fois que nous nous voyions... Plus tard, Bertrand Blier convoque ban et arrière-ban des jeunes premiers en vogue pour son prochain film... j'en suis. Il fume la pipe, moi ma Gauloise sans filtre, nous devisons poliment, bien loin de nos valseuses respectives. La suite est connue et légitime, la bande du Café de la Gare triomphe de celle du Conservatoire, le moule-bite détrône les caleçons du théâtre classique. La très sainte sexualité catholique romaine est un fiasco et *Les Valseuses* un triomphe. La France prend le frais, « décontracté du gland ». Patrick et Gérard en débardeur déboulent dans le septième art, le cœur et la braguette grands ouverts. Une génération naît, les dorures, les photos Harcourt poussiéreuses des cinémas de quartier, le panier de l'ouvreuse, ses Miko, ses Cornexqui disparaissent, ça sent le popcorn et le vieux velours. Delon et Bébel ne sont plus éternels, Bourvil et de Funès, les fous du roi, assistent à l'avènement d'un prince et d'un roi. L'un se tua d'un coup de fusil, l'autre saisit son destin à la gorge. L'ange de *Série noire* vit désormais dans la légende. Sculpté et peint par Michel-Ange, Gérard Depardieu est là. Gargantua prêt à remplacer Dieu dans le ciel peint de la Sixtine et nous n'y pouvons rien. Avec ses mots de braise, sa diction clé de voûte d'une pensée aux arches de granit, sa voix au corps de femme, il forge ses rôles comme les souffleurs de verre de Murano. Nous nous sommes croisés, avons joué ensemble. Si j'avais le sentiment que la caméra me dévalisait, lui cajolait l'objectif comme si ce gros insecte noir était féminin, curieux, déraisonnable ; il ne joue ni ne tourne, mais poursuit sa traversée du monde. Mystique évadé de la tempête, de l'orage et du feu dans le champ de la caméra. En chemin, il se penche tant sur le bien que sur le mal, cueille le coquelicot, croque la plante vénéneuse. Ni aveugle ni borgne, c'est yeux grands ouverts qu'il entre dans le cœur des répliques et des partenaires, dans les cours malfamées des empires. Il n'est jamais le fou du roi mais il est « de par dieu » en tout et pour tout. À l'Opéra-Comique, l'entrée des artistes est dans une rue étroite, où le boucan nerveux des Grands Boulevards est assourdi ; plus loin sur une petite place, un grand escalier blanc accueille le public. Sur le trottoir en face, la Librairie théâtrale, étape incontournable des jeunes comédiens, est là, un peu vieillotte, avec son vendeur en blouse grise, sa tête dégarnie et rougeaude, ses piles de bouquins d'occasion, de revues de théâtre datées. Je vais y chercher un *Cyrano* en livre de poche. Je l'ai joué plus d'un an au théâtre Mogador et suis en avance à la première répétition de l'adaptation cinématographique de la pièce que va réaliser Jean-Paul Rappeneau. J'y interprète le comte de Guiche, Depardieu sera Cyrano. La salle de répétition sent l'encaustique, les parquets craquent, la table est longue ; brochures et bouteilles d'eau minérale y attendent une imposante distribution. Jean-Paul Rappeneau est intimidé par l'œuvre et cette « lecture à table » préfigure le plus souvent un travail théâtral dont il ignore tout. Il lit une lettre humble, sur ce qu'il aime, ce qu'il veut, ce qu'il attend. Gérard, penché en avant, tout ouvert, est tout sourire.

— Ooh (façon Laurent Gerra imitant le monstre), elle est belle ta lettre, mon Jean-Paul.

Mon Jacques, *mon* Jean-Paul… Gérard ne s'approprie rien mais colle les gens au mur pour leur dire qu'il les aime. Comme Cyrano, a-t-il peur de son grand amour de la vie si féminine ? Parfois yeux brûlés, il lui tourne le dos, contemple la lune, reine de la nuit. Nous entamons la lecture, tous bons élèves, nul ne tente de jouer, les voix se posent, les mots scintillent comme une mer calme au soleil. Arrive la grande scène où Guiche, éperdu et maladroit, tente de séduire Roxane. En retrait, je m'efforce avant tout de bien dire le texte. Mon partenaire de Mogador entendu chaque soir me revient en mémoire, magnifique aristocrate et burlesque, il s'interpose entre lecture et diction du texte, me guide malgré moi vers des films noir et blanc où de grands cabots font irruption dans les scènes comme des conquistadors.

— Jean-Paul, j'ai l'impression que cette scène, il faut la jouer à la façon de Jules Berry.

Jules Berry, joueur impénitent, acteur de génie qui doublait, triplait les attaques de ses répliques, tête penchée comme pour mesurer par lui-même l'effet produit ; chaque mot semblait apparaître au bout de ses mains agitées comme des balles de ping-pong des doigts d'un jongleur.

— Ah oui, formidable ! s'exclame Jean-Paul. Vous pouvez l'essayer maintenant ?

— Mais non oh oh… (façon Depardieu imité par Laurent Gerra) laisse donc, ça c'est un rêve d'acteur, si ça lui revient il le fera sur le tournage.

— Oui oui, bien sûr.

La lecture se conclut, pleine de promesses de bonheur. Gérard colle l'oreille à la porte des mots, il écoute et entend les mouvements imperceptibles de la pensée. Trois mois plus tard, nous tournons la fameuse scène. Dans le studio, la chambre de Roxane bruisse des derniers préparatifs. Le trac me paralyse, on a demandé le silence, on va tourner. Je suis terrorisé, un éléphant une souris dans la trompe.

— Jean-Paul, j'ai besoin d'une prise pour moi où je puisse me détendre, quitte à faire n'importe quoi.

— Mais Jacques, nous avons la journée pour cette scène... prenez tout votre temps.

Je me sens débutant, je panique encore plus à l'idée de faire perdre une journée de tournage. Le nez derrière le clap, j'entends le compte à rebours : « Silence », « Moteur », « Annonce », « Cyrano 32/6 première ! » Il ne reste plus qu'une seconde avant le « Partez » fatidique du metteur en scène. L'évocation de Jules Berry à la répétition de l'Opéra-Comique surgit dans ma tête, intonations et gestes virevoltants du maître se précipitent derrière mes yeux.

— Partez !

« Je me livre en aveugle au destin qui m'entraîne » : j'imite Jules Berry. Je ne travaille plus, ma joie enfantine contamine le plateau, des rires s'étouffent, je me sens chez moi ; comme au théâtre, je sens le public.

— Coupez !

L'équipe rit, Jean-Paul dit bravo et enchaîne :

— C'est la bonne, on ne la double pas !

Gérard a permis au rêve de se déployer en retardant son exécution comme les sorciers des tribus indiennes qui détournent les orages. La prise est celle qui fut conservée dans le film. Gérard et moi avons vieilli. Gérard et moi avons fait des choix et « pris des positions ». Gérard et moi nous sommes, j'en suis sûr, trouvés « cons », parfois exécrables, mutuellement ; les hommes comme les trains déraillent, mais certains traversent le monde, la famine et l'opulence, l'Amazonie, les savanes et les déserts. Gérard ne rampe pas vers la mort, il la promène près de lui comme un chien sans laisse. Récemment, il fut Maigret dans une image aux portes de la nuit, massif, aux mouvements menacés et immobiles ; tragique et grâce mêlés, je revois à marée basse le mont Saint-Michel qui s'enlise. La poésie à pas lourds est venue aussi un soir au Cirque d'Hiver : un vieux projo, un vieux micro, un piano, un prompteur que l'on ne cache pas ; on attend, il arrive, marche avec une douceur lente, il est gros, il est beau, il chante, on se tait, on pleure, on applaudit à tout rompre... une histoire toute simple se continue. Les mots naissent de Barbara, vivent chez Gérard, s'éteignent tout contre la longue dame brune. Il les swingue, les blues, les caresse, les éructe, les chante comme un gavroche ou un vieux géant.

Je suis à Rome, heureux dans le Trastevere où des conversations de tous les jours traversent les rues étroites d'une fenêtre à l'autre, ça sent le café, la lessive, les grandes eaux du petit matin. Un scooter écrasé par son conducteur s'arrête près de moi ; il enlève son casque :

— Bah alors, mon Jacques... (il voit ma stupéfaction) c'est Gérard.

S'ensuivent quelques banalités, je suis intimidé, il le sent, nous nous sourions, il enfonce son casque, agite la main et s'en va. J'aurais tellement aimé lui parler, lui dire... je n'en sais trop rien... une histoire si simple continue.

Le bistrot du coin de ma rue est désert. Les petites fées s'envolent rejoindre les papillons dorés de l'automne. J'ai bu mes expressos, nul marc de café pour lire l'avenir, une tasse blanche, vide et muette… J'entends une voix de fée, une en retard ou qui ne souhaitait pas être vue. Elle chuchote : « Moi qui compatis tant aux gens qu'on fait souffrir. » C'est Isabelle, éternelle Agnès.

C'était un bel été. De jeunes actrices, les doigts rougis par les mûres, un coquelicot entre les dents, d'autres écrasant des groseilles de leurs lèvres pulpeuses, gambadaient dans les champs fleuris. Un ouvrier portugais séducteur, forcément mal rasé, le teint hâlé, la mèche sauvage, forcément en chemise en jean délavé sur un torse bronzé et luisant, attendait l'une d'entre elles, adossé à une barrière blanche. Tout était correct, les arbres et les pelouses, les oiseaux et les gens : c'était mon premier rôle. Un amant de Lady Chatterley au rabais perdu dans le gynécée d'un film fleur bleue. Nous, les « hommes », étions jeunes et beaux, sûrs de l'être et sûrs de tout ; les jeunes filles tentaient d'être naturelles dans des amours de pacotille et du glamour acidulé ; la plus jeune d'entre nous observait, l'allure adolescente, le regard effronté ; au fond de ses yeux bleus irradiait le diamant brut d'un secret, la forme pure d'une destinée, c'était Isabelle Adjani. D'un regard, sa grâce inflexible délimitait son monde et le nôtre. Le cinéma était encore un machin compliqué ; la pellicule enfermée dans des boîtes en métal était envoyée chaque soir à Paris pour être développée. De retour sur le tournage, une projection de fortune avait lieu ; toute l'équipe en émoi découvrait le travail des derniers jours. Même si dans les rushes apparaissaient les scènes dépiautées comme des lapins, dans cette salle de patronage où le projecteur ronchonnait, on chuchotait déjà qu'Isabelle crevait l'écran ; je voyais une enfant transpercer les festons de l'aube, un brouillard lisse et blanc pour nous hisser hors de la nuit.

Plus tard, j'allai au Théâtre-Français voir *L'École des femmes*. La pièce célèbre a ses manies et mauvaises traditions : si Arnolphe, barbon amoureux et pathétique, fut interprété par de grands comédiens, Agnès reste le plus souvent un stéréotype de l'ingénue : filet de voix perchée et minaudière. Dès les premiers mots, Jean-Paul Roussillon, le metteur en scène, imposait une vision humaine et dépouillée ; Pierre Dux jouait Arnolphe derrière des certitudes glaçantes sur l'éducation de sa pupille, l'homme était là trop âgé et amoureux, aux abords de l'ultime fosse où des vieux coqs aux ergots élimés font la queue. Sa tyrannie nous exaspère, sa passion sans issue nous touche : il attend Agnès... Isabelle apparaît, un bonnet blanc retient ses cheveux, marque l'ovale parfait de son visage, une longue robe bleue la grandit, affirme plus de détermination que de raideur. La salle se tait autrement... Un ange passe.

— La promenade est belle ? demande Arnolphe.

— Fort belle, répond Agnès.

Ce n'est pas l'ingénue anodine maintes fois récitée dans les cours, un rôle n'existe pas avant l'interprétation d'un grand acteur ; une autre voix, cristalline et céleste, le naturel et le chant l'un dans l'autre, s'élève vers le mystère du théâtre, lui donne une forme et des traits. Agnès n'est plus une oie blanche mais une enfant sauvage à peine sortie du ventre noir d'un patriarcat intégriste. Dans sa voix et sa moue pèse l'ennui des heures carcérales, claque l'air frais de la promenade. Vient le récit de sa rencontre : « un jeune homme bien fait », son front brûle, les larmes du désir lui montent aux yeux. Indomptée, Isabelle attaque le récit de sa rencontre avec Horace ; l'énumération des révérences… « Qui rencontrant ma vue d'une humble révérence aussitôt me salue, moi pour ne point manquer à la civilité… », la salle s'enivre : c'est une môme comme Piaf qui nous empoigne et nous emporte dans les foules de l'amour ; entre la scène et la salle naît une valse de feu et de vent. Vient le moment où Arnolphe l'oblige à réciter les maximes, liste des devoirs de la femme envers son mari. Dès les premiers mots, la souffrance est perceptible, chaque alexandrin fait barrage à l'émotion, pourtant les injonctions sont sordides, les mots poisseux puent. Petit à petit, la digue se lézarde, la voix si pure s'enraye, les larmes submergent nos yeux et les siens, une déferlante fracasse le texte et s'abat sur la salle ; le sanglot est long, le silence interminable pleut. Isabelle rejoint ce soir-là les grandes légendes du théâtre. Sarah Bernhardt est juive, Isabelle d'origine arabe, toutes deux monstres sacrés selon le mot de Jean Cocteau. Mais de cela, à Paris on ne parle pas ; l'Algérie est un traumatisme, les rapatriés indésirables, les harkis oubliés, à l'antisémitisme encore bien français se greffent les premiers relents de racisme arabe. Le monde s'est à peu près remis de la Seconde Guerre mondiale, les empires coloniaux s'effondrent, les femmes et hommes de liberté se font entendre, Gisèle Halimi, d'origine tunisienne, défend aux assises de Bobigny deux jeunes femmes homosexuelles, victimes d'un viol collectif.

Elle plaide que le viol est un crime – la loi, elle, le qualifie de simple délit ; elle est huée et conspuée ; la France, bien que très catholique, n'en est pas moins haineuse et rigide. Une loi dans ce sens ne sera adoptée que cinq ans plus tard.

Les « Arnolphe » courent encore les rues et ma mère repasse les chemises de son mari, prépare son repas comme le lui a enseigné le *Manuel de la bonne épouse*... Le monde pourtant si pressé reste lent. Le gras des siècles s'est accumulé dans le patriarcat bedonnant. Les femmes de liberté, les « salopes », sont déjà là dans l'œuvre de Molière.

Grâce à Isabelle, Agnès a rejoint Célimène et Elmire : l'intemporalité des grands combats, la revendication d'un espace et d'un désir féminins. Isabelle Adjani sera désirée du monde entier et solidaire de tous ses beaux combats.

Beaucoup plus tard, je réalise *Le Mariage de Figaro*, elle y interprète le rôle de la Comtesse. Avant d'attaquer le tournage, je vais la voir jouer au théâtre Marigny ; au salut, des ovations, des fleurs jetées sur scène accueillent une diva du XIXe siècle ; comme si un lien romantique nous liait à elle pour toujours. La porte de l'entrée des artistes s'entrouvre, j'entraperçois Isabelle derrière un garde du corps.

— Non, non, laissez-le entrer, viens, Jacques !

Isabelle accepte que je la voie défaite, le maquillage absorbé par les sueurs et fatigues de la représentation.

La comtesse Almaviva dans laquelle je la mets en scène est une femme délaissée par son mari qui ne connaît pas la plénitude mais les premières et franches atteintes de l'âge. Peut-être en accepte-t-elle l'enjeu et le sacrifice. Nous parlons, son regard est une grande énigme, bleu comme s'il souriait toujours à la nature et s'attristait du monde.

— Jacques, attends-moi au restaurant, je t'y rejoins, j'ai un petit travail à faire.

J'attends près d'une heure, je me dis que la foule des admirateurs est énorme et les autographes nombreux. Isabelle arrive enfin sous un béret de laine blanche, le maquillage très travaillé lui redonne le visage de la toute jeune fille de *Faustine et le bel été*.

Durant le tournage, elle me proposera d'avoir un éventail, en jouera souvent, même trop. Ce visage nu sans apprêts était magnifique, le drame et les joies de la vie s'en étaient emparés avec lenteur. Pourquoi m'a-t-elle laissé le voir pour le cacher sans cesse comme une enfant, pendant le tournage ? Sans doute a-t-elle senti que ce n'était pas ce film-là qui mériterait le sacrifice ultime d'une comédienne : celui de vieillir ?

Par sa si noble gentillesse avec toute l'équipe, ce tournage fut un moment de grâce. Chaque soir, elle voyait les rushes, me laissait des messages très longs pleins d'encouragements, de joie enfantine, d'intelligence et de fulgurances poétiques. Une fois, elle ajouta qu'elle souhaitait organiser une fête sur le tournage… « Mais pas un pot, je n'aime pas le champagne dans les verres en plastique. Ce qui serait merveilleux, c'est un petit déjeuner. Qu'en penses-tu ? »

J'en parle à la production qui me rappelle que le PAT (prêt à tourner) est à midi et que le maquillage commence à 9 heures… « On risque un gros retard. »

Devant la générosité pressante d'Isabelle, chacun s'incline.

Il est 7 heures, nous tournons dans un studio en pleine campagne. Je suis arrivé comme tous les jours au petit matin. À travers les champs blanchis par la brume, je distingue trois camions à enseigne Ladurée.

— Nous venons pour la réception de Mme Isabelle Adjani. Où est le décor ?

— Pourquoi ?

— Mme Adjani nous a demandé d'y installer le petit déjeuner.

Je reste coi et laisse nos chers pâtissiers installer nappes blanches, bougeoirs d'argent, service en porcelaine, canapés, petits-fours, chocolatières et viennoiseries. Isabelle conviait l'équipe au chevet de ses rêves et de sa légende. Les petits camions sont repartis sous le soleil au zénith, les projecteurs du studio se sont rallumés avec quelques heures de retard. Isabelle a refermé le livre des contes. Isabelle, petite fée, grande dame, monstre sacré, est retournée sur son île, celle de *La Tempête* de Shakespeare aux côtés d'Ariel le magicien et de Prospero. Cette pièce, la dernière du plus grand dramaturge de notre histoire, se conclut par un mot qui va si bien à Isabelle, qui irait si bien au monde : LIBRE.

Dans cet été sec et en feu, la Haute-Savoie n'est pas épargnée : sa flore riche de myrtilliers, de lys martagon, de berce, de balsamine, d'épervières orangées souffre, sèche et brûlée, fruits et fleurs mort-nés n'enchantent plus les alpages. Sous la mousse trompeuse, la racine du polypode au goût de réglisse, comme celle de la gentiane – l'eau-de-vie du pays – ne sont plus que poussière, la terre a perdu ses eaux.

L'épilobe, naguère haut, bordait les chemins de longues flambées mauves que le vent inclinait doucement, elles semblaient nous sourire et nous saluer ; restent des tiges nues au duvet blanc. Les ruisseaux ne gambadent plus, les galets sont poussiéreux là où la source ruisselait. Pourtant, guêpes et abeilles bourdonnent, la marmotte siffle, de sa queue un taureau fouette les mouches, un troupeau de belles indifférentes, tarines, montbéliardes, abondance, robes brune et crème me regardent avec une douceur infinie. Haut dans le ciel, aigles et rapaces planent, gardiens élégants des rites sauvages de la nature. L'hermine si jolie sera leur proie, elle qui chasse le mulot. Après une nuit de pluie resurgit l'euphraise des bois, de minuscules fleurs blanches mouchettent la mousse des talus, si frêle espoir quand le cœur se serre, quand on se dit : qu'avons-nous fait ? Avec ses plis de pierre, ses hautes vagues de forêt, la montagne ouvre grand sa gueule. Nul n'y échappe, dans les millénaires des cimes, les chahuts de l'air, le temps est sens dessus dessous.

Mes pieds frôlent une limace, elle se rétracte, une légion de fourmis bossent dur, un scarabée boitille près d'une fraise des bois esseulée. Le cul sur une pierre chaude, un brin d'herbe folle entre les lèvres... Quoi que je dise, je fasse ou croie, à soixante-treize ans, la chaîne des Aravis me fait face et ma vie passée, véritable compression de César sur une cheminée, se plante au beau milieu de moi ; j'ai eu vingt ans et, comme le disait Courteline, « c'est bien pourquoi je les ai gardés ».

C'est là-haut, près du Mont-Blanc plus noir qu'hier plus blanc que demain, c'est de là, accroché aux rayons sacrés du soleil, plus près du ciel désormais, que j'ai décidé de fermer pour un temps le livre du devoir. Devoir ou nécessité de dire que j'aime les choses et les gens de la vie.

Maman tricote à sa table de cuisine, une pelote de laine tombe, le fil court, bloque, s'emmêle ; un chat noir comme la nuit, gris comme le jour, mène la danse. Ma mère pose son tricot, rattrape la pelote, rembobine la laine, c'est sûr, une grande écharpe sera prête pour l'hiver.

Pourquoi cette image surgit-elle maintenant ? Enfant, j'entendais Anne Sylvestre chanter « File la laine, file le jour… » qu'on écoutait à la maison. Les souvenirs se stratifient et ma mémoire se pelotonne puis perd le fil au gré d'un petit chat, animal sacré, symbole de protection dans l'Égypte antique.

J'écris des hiéroglyphes de plage, comme ceux tracés sur le sable par un môme qui s'ennuie. Le soir tombe à l'horizon, un soleil rouge le suit ; à contre-jour, mes amis sont là sans ordre ni désordre, l'onde de la pensée, l'onde d'aimer, c'est tout. Je n'en oublie pas, certains ont poussé l'ombre, de belles histoires les accompagnaient ; d'autres sont là, si nombreux, si importants derrière ou devant la porte ; ils sont d'autres fois, d'autres moi, ils sont ma part d'absence, le puzzle blanc de la page.

Comme le jour, mon livre s'achève… Serai-je gracié par la nuit ?

Remerciements

À Christine, ma première lectrice, le premier regard au plus près du cœur et de l'exigence.

À mes enfants, Tommy, Stanley et Kim.

À Louis Chedid, pour sa si belle chanson « On ne dit jamais assez aux gens qu'on les aime ».

Composition et mise en pages
Nord Compo à Villeneuve-d'Ascq

CET OUVRAGE
A ÉTÉ ACHEVÉ D'IMPRIMER
SUR ROTO-PAGE
PAR L'IMPRIMERIE FLOCH À MAYENNE
EN FÉVRIER 2023

N° d'impression : 102041
Imprimé en France